南方电网能源发展研究院

中国电力市场化改革报告

（2024年）

南方电网能源发展研究院有限责任公司　编著

图书在版编目（CIP）数据

中国电力市场化改革报告. 2024年 / 南方电网能源发展研究院有限责任公司编著. -- 北京：中国电力出版社，2025. 3. -- ISBN 978-7-5198-9800-7

Ⅰ. F426.61

中国国家版本馆CIP数据核字第20251UW484号

出版发行：中国电力出版社
地　　址：北京市东城区北京站西街19号（邮政编码100005）
网　　址：http://www.cepp.sgcc.com.cn
责任编辑：岳　璐（010-63412339）
责任校对：黄　蓓　王海南
装帧设计：张俊霞
责任印制：石　雷

印　　刷：北京博海升彩色印刷有限公司
版　　次：2025年3月第一版
印　　次：2025年3月北京第一次印刷
开　　本：787毫米×1092毫米　16开本
印　　张：6.25
字　　数：87千字
印　　数：0001—1000册
定　　价：32.00元

《中国电力市场化改革报告（2024年）》

编 写 组

组　　长　陈　政

主 笔 人　尚　楠　卢治霖　梁梓杨

成　　员　冷　媛　黄国日　杨鑫和

前　言 PREFACE

2023 年是全面贯彻落实党的二十大精神的开局之年，是实施“十四五”规划承前启后的关键一年。在经济全面恢复发展的形势下，我国电力市场化改革持续纵深推进取得显著成效，市场机制在保供应促转型方面发挥积极作用，为经济逐步回升向好、发展质量稳步推升提供重要支持。2023 年，电价改革、电力市场建设、绿色发展等领域多份重要政策文件相继出台，以深化电力改革助力稳大局、应变局、开新局。

当前我国新型电力系统建设正在加速推进，系统梳理电力市场化改革政策脉络，跟踪分析市场建设运营情况，剖析市场化改革关键热点问题，对于更好推进适应新型电力系统发展的体制机制建设具有重要意义。

《中国电力市场化改革报告（2024 年）》作为南方电网能源发展研究院年度系列报告之一，跟踪分析了 2023 年我国电力市场化改革进程，对改革环境、改革政策、市场主体、交易规模、电价走势等进行了系统梳理，针对新型电力系统建设过程中面临的电力现货交易试点建设、绿色电力交易、发电企业参与碳市场等热点议题展开了深入分析。

本报告由尚楠负责第 1 章、第 2 章、第 3 章的编写，梁梓杨负责第 4 章的编写，卢治霖负责第 5 章、第 6 章的编写，尚楠负责报告通篇校核工作，其余编写人员对报告均有贡献。报告旨在对我国电力市场化改革进行全景展示和剖析，为相关政策制定者、市场参与者及研究人员等提供参考。

限于作者水平，报告难免存在疏漏与不足，恳请广大读者批评指正。

编　者

2024 年 6 月

前言

摘要 ······ 1

第 1 章　电力体制改革总体形势 ······ 4

1.1　宏观环境 ······ 5

1.1.1　宏观改革形势 ······ 5

1.1.2　电力供需形势 ······ 7

1.2　政策概况 ······ 12

1.2.1　电价改革 ······ 12

1.2.2　电力市场建设 ······ 16

1.2.3　清洁低碳转型发展 ······ 20

第 2 章　电力市场成员情况 ······ 24

2.1　发电企业 ······ 25

2.1.1　发展现状 ······ 25

2.1.2　发展趋势 ······ 26

2.2　售电公司 ······ 26

2.2.1　发展现状 ······ 26

2.2.2　发展趋势 ······ 27

2.3 电力用户……28
2.3.1 发展现状……28
2.3.2 发展趋势……29
2.4 交易机构……29
2.4.1 发展现状……29
2.4.2 发展趋势……31
第 3 章 电力市场运营情况……33
3.1 电力批发市场……34
3.1.1 总体情况……34
3.1.2 交易电量……34
3.1.3 市场结构……37
3.1.4 交易体系……39
3.2 电力价格……40
3.2.1 容量电价……40
3.2.2 电能量价格……42
3.3 发展趋势……47
第 4 章 电力现货交易试点情况……48
4.1 第一批现货交易试点情况……49
4.1.1 南方（以广东起步）……49
4.1.2 蒙西……51
4.1.3 浙江……52
4.1.4 山西……53
4.1.5 山东……54
4.1.6 福建……56
4.1.7 四川……57
4.1.8 甘肃……58

4.2 第二批现货交易试点情况……59
4.2.1 辽宁……59
4.2.2 江苏……59
4.2.3 安徽……60
4.2.4 河南……61
4.2.5 上海……61
4.2.6 湖北……62
4.3 区域/省间电力现货交易情况……62
4.3.1 南方区域电力现货市场……63
4.3.2 省间电力现货交易……64
4.4 其他地区电力现货交易情况……64
4.5 发展趋势……66
第 5 章 绿色电力交易情况……67
5.1 政策动向……68
5.2 交易模式……70
5.2.1 个人用户自愿认购模式……70
5.2.2 代理交易模式……71
5.2.3 聚合商模式……71
5.2.4 跨区跨省绿电交易……72
5.3 交易情况……73
5.3.1 绿证交易……73
5.3.2 绿电交易……74
5.4 发展趋势……74
第 6 章 发电企业参与全国碳市场情况……76
6.1 总体情况……77
6.1.1 政策动向……77
6.1.2 运行成效……80

6.2 市场运作机制……80
6.2.1 配额核算与分配……81
6.2.2 配额总量确定……82
6.2.3 配额发放……82
6.3 市场交易情况……83
6.4 发展趋势……86

参考文献……87

摘　　要

2023 年，我国电力市场化改革各项重点任务有序推进，在政策体系、主体培育、市场建设等方面取得积极成效。在现货市场试点建设、绿色电力交易、碳排放权市场建设等方面亦取得进展，有力推动了能源绿色转型，有效支撑了社会经济发展。

改革政策进一步丰富完善。价格改革方面，完成第三监管周期省级和区域电网输配电定价成本监审工作，输配电价体系得到进一步完善；出台煤电容量电价机制，将现行煤电单一制电价调整为两部制电价。市场建设方面，中长期交易在全国范围内常态化运行，山西、广东电力现货市场相继转入正式运行，南方区域电力现货市场首次实现全区域结算试运行，跨省跨区中长期市场平稳运行，省间现货市场调剂余缺作用得到积极发挥。清洁能源发展方面，稳步推进新能源参与市场交易，持续推进绿电、绿证市场建设，全国碳市场运行健康有序。

经营主体数量快速增长。市场主体准入范围持续扩大，2023 年，各电力交易平台累计注册市场主体 74.3 万家，同比增长 23.9%，其中发电企业突破 3 万家，售电公司超过 4000 家，市场开放度、活跃度持续提高，市场主体活力得到进一步激发；电力交易机构运营更加规范，服务用户质量水平进一步提升。

电力市场化交易规模持续扩大。2023 年，全国各电力交易中心累计组织市场交易电量为 56 679.4 亿 kWh，同比增长 7.9%，占全社会用电量比重为 61.4%，同比去年提高 0.61 个百分点，市场机制已在资源配置中起到决定性作用。其中，省内交易电量约 45 090.1 亿 kWh，包括绿电交易为 537.7 亿 kWh；省间交易电量约为 11 589.4 亿 kWh。

现货市场建设加速推进。截至 2023 年底，全国共有 29 个地区开展电力现货市场试运行，山西、广东、山东电力现货市场率先“转正”，甘肃等已实现两年多的不间断现货结算试运行，非试点地区现货市场加速推进，江西、重庆、宁夏等地相继完成模拟、调电试运行工作，进入结算试运行阶段；南方区域电力市场实现首次全域结算试运行，省间电力现货交易常态化开展，电力资源实现更大范围内共享互济和优化配置。

绿电绿证市场建设持续完善，绿色消费需求进一步激发。2023 年，全国绿色电力（绿证）消费总量为 1059 亿 kWh，同比增长 281.4%。其中，绿电交易电量为 695.3 亿 kWh，同比增长 284.2%，绿证交易 3637 万张，对应电量为 363.7 亿 kWh，同比增长 275%[❶]。南方区域绿电绿证交易电量为 95.3 亿 kWh，同比增长 137%，港澳跨境绿证交易实现“零”的突破。

碳市场交易规模逐渐扩大，交易价格稳中有升，市场活力逐步提高。2023 年是 2021、2022 年度碳排放配额的清缴年。随着分配、核查、履约等政策文件的出台，相关机制不断完善，主体交易意愿逐步增强，2023 年全国碳市场碳排放配额年度成交量为 2.12 亿 t，成交额为 144.44 亿元，成交均价为 68.15 元/t，较 2022 年市场成交均价上涨 23.24%。

❶ 数据来源：中国电力企业联合会。

第 1 章

电力体制改革总体形势

1.1　宏观环境

1.1.1　宏观改革形势

（1）全面深化改革。2023 年，二十届中央全面深化改革委员会全年共召开三次会议，聚焦科技、经济、生态、教育等重要领域和关键环节，审议通过 18 项文件，集中力量解决高质量发展急需、群众急难愁盼的突出问题，强化对重点改革任务的协调推动、督促落实，推动改革落地见效。

在能源发展改革领域，全面深化改革委员会第二次会议审议通过《关于推动能耗双控逐步转向碳排放双控的意见》，提出要完善能源消耗总量和强度调控，逐步转向碳排放总量和强度双控制度，加强碳排放双控基础能力建设，健全碳排放双控各项配套制度。审议通过《关于进一步深化石油天然气市场体系改革提升国家油气安全保障能力的实施意见》，提出积极稳妥推进油气行业上、中、下游体制机制改革，加强产供储销体系建设；要加大市场监管力度，强化分领域监管和跨领域协同监管，规范油气市场秩序，促进公平竞争；要深化油气储备体制改革，发挥好储备的应急和调节能力。审议通过《关于深化电力体制改革加快构建新型电力系统的指导意见》，首次对新型电力系统特征进行了完整、准确、全面的界定，指出要深化电力体制改革，加快构建清洁低碳、安全充裕、经济高效、供需协同、灵活智能的新型电力系统，更好推动能源生产和消费革命，保障国家能源安全。全面深化改革委员会第三次会议审议通过《关于健全自然垄断环节监管体制机制的实施意见》，提出要对自然垄断环节开展垄断性业务和竞争性业务的范围进行监管，防止利用垄断优势向上下游竞争性环节延伸。

（2）"碳达峰、碳中和"战略。2023 年，我国碳达峰碳中和相关政策制度不断完善，"双碳"工作基础能力显著增强。2023 年 8 月，国家发展改革委会同科技部等九部门印发《绿色低碳先进技术示范工程实施方案》，聚焦源头减碳、过程降碳、末端固碳三大重点方向，布局一批技术水平领先、减排效果突出、减污降碳协同、示范效应明显的项目，加快绿色低碳先进适用技术示范应用和推广；2023 年 10 月，国家发展改革委印发《国家碳达峰试点建设方案》，在全国范围内选择 100 个具有典型代表性的城市和园区开展碳达峰试点建设，探索不同资源禀赋和发展基础的城市和园区碳达峰路径，为全国提供可操作、可复制、可推广的经验做法；2023 年 11 月，国家发展改革委会同有关部门印发《关于加快建立产品碳足迹管理体系的意见》，推动建立符合国情实际的产品碳足迹管理体系，完善重点产品碳足迹核算方法规则和标准体系，建立产品碳足迹背景数据库，推进产品碳标识认证制度建设，发挥产品碳足迹管理体系对生产生活方式绿色低碳转型的促进作用。

全国碳市场制度建设工作稳步推进，全流程制度框架和支撑体系基本建立，建设扩容的步伐逐步加快。2023 年 3 月，生态环境部印发实施《2021、2022 年度全国碳排放权交易配额总量设定与分配实施方案（发电行业）》，规定了发电行业 2021、2022 年度配额核算与分配方法，以及配额总量、配额发放、配额调整、配额清缴、配额结转等的具体实施方式；2023 年 7 月，生态环境部发布《关于全国碳排放权交易市场 2021、2022 年度碳排放配额清缴相关工作的通知》，涵盖差异化开展配额分配、组织开展国家核证自愿减排量（CCER）抵销配额清缴、2023 年度配额预支和个性化纾困方案申报、配额结转 4 个方面内容。2023 年 10 月，生态环境部和国家市场监管总局联合发布《温室气体自愿减排交易管理办法（试行）》，出台包含造林碳汇、并网光热发电、并网海上风力发电和红树林营造在内的 4 项 CCER 项目方法学，暂停多年的 CCER 交易迎来重启。

（3）新型电力系统建设。新型电力系统的发展理念、内涵特征、发展阶段、实施路径等逐步清晰。2023 年 3 月，国家能源局印发《关于加快推进能源数字化智能化发展的若干意见》，以数字化智能化电网支撑新型电力系统建设纳入重点工作举措；2023 年 6 月，国家能源局发布《新型电力系统发展蓝皮书》，阐述了新型电力系统的发展理念、内涵特征，描绘了发展阶段和显著特点，提出了

建设新型电力系统的总体架构和重点任务。2023 年 7 月，中央全面深化改革委员会第二次会议审议通过《关于深化电力体制改革加快构建新型电力系统的指导意见》，强调要科学合理设计新型电力系统建设路径，在新能源安全可靠替代的基础上，有计划分步骤逐步降低传统能源比重，提出要健全适应新型电力系统的体制机制，推动加强电力技术创新、市场机制创新、商业模式创新。要推动有效市场同有为政府更好结合，不断完善政策体系，做好电力基本公共服务供给。

（4）加快发展新质生产力。2023 年 9 月，习近平总书记在黑龙江考察调研期间首次提出"新质生产力"，指出要整合科技创新资源，引领发展战略性新兴产业和未来产业，加快形成新质生产力；在新时代推动东北全面振兴座谈会上，习近平总书记强调，要积极培育新能源、新材料、先进制造、电子信息等战略性新兴产业，积极培育未来产业，加快形成新质生产力，增强发展新动能。2023 年 12 月，中央经济工作会议再次强调，要以科技创新推动产业创新，特别是以颠覆性技术和前沿技术催生新产业、新模式、新动能，发展新质生产力。统筹传统产业、战略性新兴产业和未来产业发展，推动现代化产业体系建设，实现质量、效率和动力变革，以科技创新引领产业全面振兴，将成为发展新质生产力的布局重点。

（5）保障能源安全。2023 年 4 月国家能源局印发《2023 年能源工作指导意见》（国能发规划〔2023〕30 号），提出"坚持把能源保供稳价放在首位"，将"供应保障能力持续增强"放在主要目标的第一条，提出要进一步夯实化石能源兜底保障基础，大力提升能源安全稳定供应水平，有效应对能源市场波动和风险挑战。2024 年 4 月，国家发展改革委、国家能源局出台《关于建立煤炭产能储备制度的实施意见》（发改能源规〔2024〕413 号），提出到 2027 年初步建立煤炭产能储备制度，形成一定规模的可调度产能储备，到 2030 年力争形成 3 亿 t/年左右可调度产能储备。

1.1.2　电力供需形势

（1）电力消费。2023 年，国民经济回升向好拉动电力消费增速有所上升，全社会用电量约为 92 241 亿 kWh❶，同比增长 6.8%，增速较 2022 年增长 3.2 个百分点。2021—2023 年全国全社会用电量及增速如图 1-1 所示。

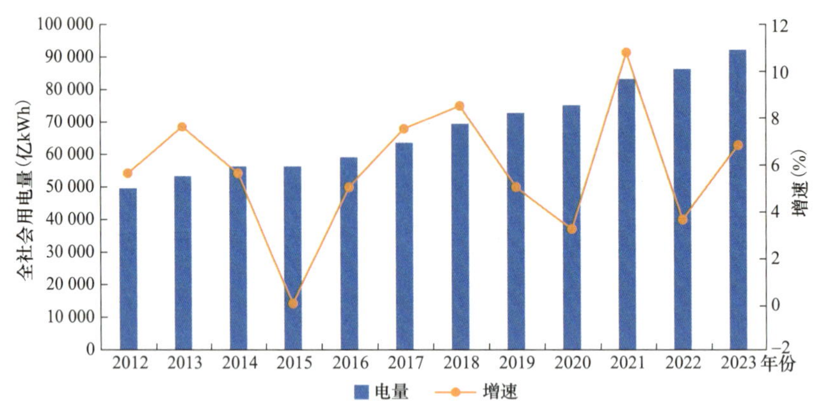

图 1-1　2012—2023 年全国全社会用电量及增速

分行业看，2023 年度三次产业及居民生活用电增速依次为 11.5%、6.5%、12.2%以及 0.9%，得益于我国持续加大投入完善乡村电力基础设施，推动农业生产、乡村产业电气化改造和产业升级，第一产业用电量快速增长，用电量占比为 1.4%，对全社会用电量增长的贡献率约为 2.2%；制造业转型升级提速，第二产业用电量增速有所提升，用电占比为 65.9%，对全社会用电量增长的贡献率约为 63.9%；随着新冠疫情防控转段，服务业经济运行呈稳步恢复态势，新能源汽车等成为用电增速新引擎，第三产业用电增速较 2022 年增长 7.7 个百分点，用电占比为 18.1%，对全社会用电量增长的贡献率为 31.2%；居民生活用电整体保持平稳，用电量占比约 14.7%，对全社会用电量增长贡献率为 2.6%。

分区域看，2023 年我国东部、中部、西部和东北地区❷全社会用电量同比分别同比增长为 6.9%、4.3%、8.1%和 5.1%❸，西部地区用电增速领先全国；全国 31 个省（市、自治区）全社会用电量均为正增长，其中海南、内蒙古、

❶ 来源：中国电力企业联合会《我国电力发展与改革报告（2024）》。

❷ 东部地区包括北京、天津、河北、上海、江苏、浙江、福建、山东、广东、海南 10 个省（市）；中部地区包括山西、安徽、江西、河南、湖北、湖南 6 个省；西部地区包括内蒙古、广西、重庆、四川、贵州、云南、西藏、陕西、甘肃、青海、宁夏、新疆 12 个省（市、自治区）；东北地区包括辽宁、吉林、黑龙江 3 个省。

❸ 来源：中国电力企业联合会《2023—2024 年度全国电力供需形势分析预测报告》。

西藏、宁夏、广西、青海等省区用电量均有较大幅度的提升，同比增速超过均超过 10%；从电量规模上看，电力消费主要集中在东部、中部地区，广东、山东、江苏、浙江用电量分别达到 8502 亿 kWh、7966 亿 kWh、7833 亿 kWh、6192 亿 kWh。

（2）电源建设。截至 2023 年底，全国发电装机容量约 29.2 亿 kW，较 2022 年增长约 3.5 亿 kW，同比增长约 13.9%，增速相比 2022 年有所回升，增幅扩大约 6 个百分点，其中，水电装机容量为 4.2 亿 kW，同比增长 1.9%；火电装机容量为 13.9 亿 kW，同比增长 4.3%，其中，煤电装机为 11.6 亿 kW，占总发电装机容量的 39.9%，降至 40%以下。风电与太阳能发电装机容量保持快速增长，合计装机容量达到 10.5 亿 kW，占总装机容量的 36%；其中，风电装机同比增长 20.8%，增速较 2022 年提高 9.6 个百分点，太阳能发电装机同比增长 55.2%，增速较 2022 年提高 27.1 个百分点。2012—2023 年我国发电装机情况如图 1-2 所示。

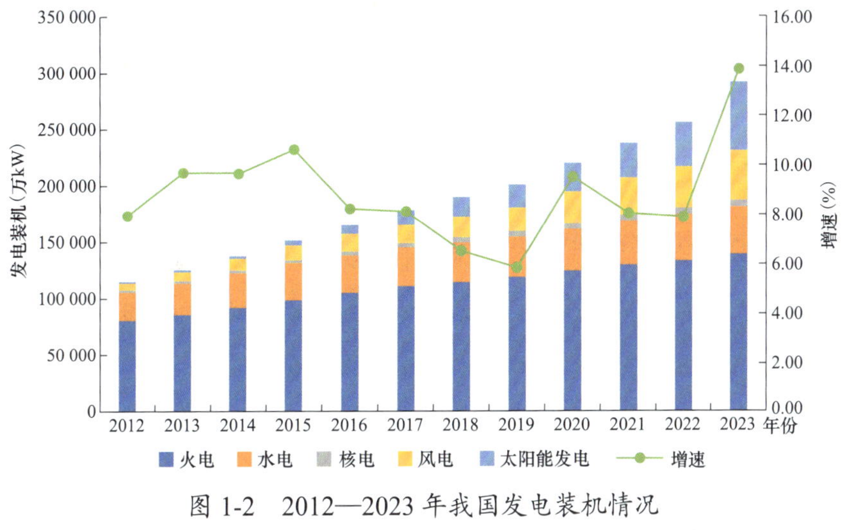

图 1-2　2012—2023 年我国发电装机情况

2023 年，全国发电量同比增长 6.9%，达到 94 564.4 亿 kWh[1]。其中，水电、核电、风电、太阳能发电等清洁能源发电量 31 905.9 亿 kWh，比上年增长 7.8%，占全国发电量的 33.7%，占比较上年回落约 2.5 个百分点。分发电类型

[1] 来源：中华人民共和国 2023 年国民经济和社会发展统计公报 https：//www.stats.gov.cn/sj/zxfb/202402/t20240228_1947915.html.

看，火电发电量约为 62 657.4 亿 kWh，同比增长 6.4%；2023 年来水偏枯，水电发电量约为 12 858.5 亿 kWh，同比减少 4.9%；核电发电量约为 4347.2 亿 kWh，同比增长 4.1%；风电与太阳能发电保持快速增长，发电量分别为 8858.7 亿、5841.5 亿 kWh，同比增长分别为 15.1%、16.6%，分别占比全国发电量的 9.4%、6.2%，风光发电量已超同期城乡居民生活用电量。2012—2023 年我国发电量情况如图 1-3 所示。

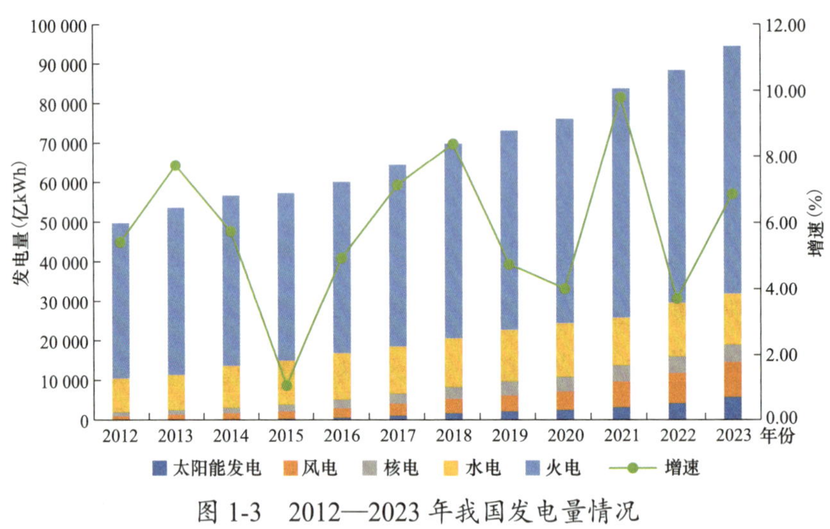

图 1-3　2012—2023 年我国发电量情况

新能源保持较高利用率水平。2023 年全国风电平均利用率 97.3%，同比上年提升 0.5 个百分点，消纳能力持续向好；其中，蒙东、湖南、青海风电利用率分别提升至 96.7%、99.7%、94.2%，同比增长 6.7、2.3、1.5 个百分点；河南、河北、湖北风电利用率有所下滑，分别降低至 96.8%、94.3%、99.0%，同比减少 1.4、1.3、1.0 个百分点；2023 年全国光伏平均利用率 98%，同比上年减少 0.3 个百分点；其中，山东、青海、黑龙江光伏利用率分别提升至 99.3%、91.4%、99.1%，同比增长 0.8、0.3、0.2 个百分点；甘肃、西藏、河南、湖北光伏利用率有所下降，同比减少 3.2、2.0、1.8、1.7 个百分点，除西藏、青海外，全国范围内光伏利用率均达到 96.4%以上，11 个省（区、市）实现太阳能电量 100%利用。

2023 年，全国 6000kW 及以上电厂发电设备利用小时数为 3592h，比 2022 年同期减少 95h，总体呈下降趋势。分电源类型看，火电装机利用小时数为

4466h（其中煤电 4685h），同比 2022 年增加 78h，出现小幅回升；受上半年降水偏少等因素影响，水电装机利用小时较 2022 年减少 284h（其中常规水电 3423h、抽水蓄能 1175h），达到 3133h，处于 2014 年以来年度最低水平；核电装机利用小时相较 2022 年小幅回升，约为 7670h，同比去年增加 54h；风电装机利用小时为 2225h，同比增加 7h；太阳能发电装机利用小时为 1286h，同比减少 54h；2013—2023 年全国各类发电设备利用小时情况如图 1-4 所示。

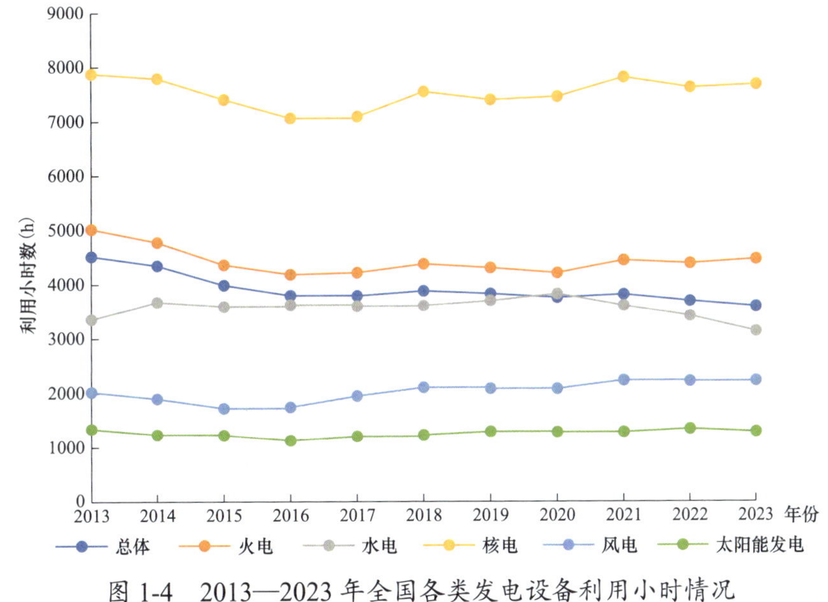

图 1-4　2013—2023 年全国各类发电设备利用小时情况

截至 2023 年底，全国已建成投运新型储能项目累计装机规模达 3139 万 kW/6687 万 kWh，2023 年新增装机规模约 2260 万 kW/4870 万 kWh，较 2022 年增长超过 260%；抽水蓄能电站建设工作稳步推进，截至 2023 年底装机容量达 5094 万 kW，投产和在建（核准）项目规模超 2 亿 kW；煤电机组节能降碳、灵活性改造等取得积极进展，2023 全年煤电“三改联动”合计规模约 1.9 亿 kW，电力系统灵活性持续改善；电力需求响应深入推进，参与主体、响应手段不断丰富，江苏、浙江、上海、广东等省市积极推进需求响应市场化建设，推动用户侧资源参与系统调节。

（3）电网建设。电网投资规模稳步提升，如图 1-5 所示，2023 年，全国电网基本建设投资完成 5275 亿元，同比增长 5.4%，电网企业持续加大配电网投资力度，城乡配电网供电保障能力和综合承载能力有所提升；截至 2023 年底，全国电网 220kV 及以上输电线路回路长度达到 92.05 万 km，同比增长 4.3%；220kV 及以上变电设备容量达到 54.02 亿 kVA，同比增长 5.3%；重大输电通道工程建设稳步推进，2023 年 6 月，白鹤滩—浙江±800kV 特高压直流输电工程正式投运，同年 11、12 月，驻马店—武汉、福州—厦门 1000kV 特高压交流工程正式投运，电力资源大范围优化配置能力进一步提升。

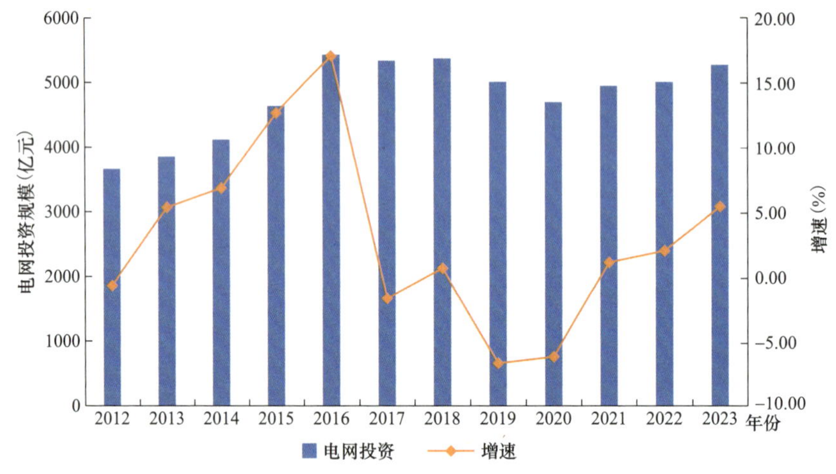

图 1-5　2012—2023 年全国电网投资额与增速

（4）**电力供需平衡**。2023 年，全国电力供需形势保持总体平衡。年初，受气候变化、来水不足等因素影响，西南地区个别省份部分时段电力供需形势趋紧；年中，提前谋划备战迎峰度夏，期间各省级电网均未采取有序用电措施，创造近年来电力保供最好成效；2023 年 12 月多地出现大范围寒潮、强雨雪天气，全国近十个省份电力供需形势偏紧。

1.2　政策概况

1.2.1　电价改革

（1）**总体情况**。2023 年以来，我国电价改革进一步深化，全国各地持续完

善分时电价机制，不断优化峰谷时段划分、拉大峰谷价差等，进一步发挥价格信号的引导作用；完成第三监管周期电网输配电价核定工作，按"准许成本+合理收益"直接核定输配电价，将系统运行费单列，包括辅助服务费用、抽水蓄能容量电费等；煤电容量电价机制正式出台，对煤电实行两部制电价政策，煤电机组对电力系统的支撑调节价值得到合理体现。

（2）重点政策。分环节看，在发电价格环节，《关于建立煤电容量电价机制的通知》决定自 2024 年 1 月 1 日起，将现行煤电单一制电价调整为由容量电价和电量电价构成的两部制电价，强调同步强化煤炭价格调控监管，加强煤电中长期合同签约履约指导，促进形成竞争充分、合理反应燃料成本的电量电价，引导煤炭、煤电价格保持基本稳定；完成了 31 座在运抽水蓄能电站的正式容量电价和 17 座 2020—2025 年间新投运抽水蓄能电站的临时容量电价的核定，明确了抽水蓄能容量电费的分摊方式，抽水蓄能电站价格机制得到进一步完善；在输配电价环节，完成第三监管周期省级和区域电网输配电成本监审，工商业用户用电价格由上网电价、上网环节线损费用、输配电价、系统运行费用、政府性基金及附加组成，首次实现工商业同价全覆盖、分电压核定容（需）量电价、出台负荷率激励约束政策，全面理顺各环节电价，电价构成更加清晰；在用户电价环节，北京、冀北、山东、江苏、福建、四川、辽宁、蒙东、青海、宁夏、新疆、蒙西、广西、云南、贵州等 15 个地区在 2023 年更新了分时电价政策，峰谷价差持续拉大，更多地区选择引入尖峰电价机制，部分地区试行深谷电价制度；随着电动汽车消费高速增长，山东、湖南、陕西、云南等地居民电动汽车充电设施用电分时电价政策，以价格信号更好引导电动汽车用户在电力系统低谷时段充电，缓解电力系统运行压力。2023 年我国电价改革部分重点政策一览见表 1-1。

表 1-1　　2023 年我国电价改革部分重点政策一览

时间	政策文件
2023 年 5 月	《国家发展改革委关于第三监管周期省级电网输配电价及有关事项的通知》（发改价格〔2023〕526 号）

续表

时间	政 策 文 件
2023 年 5 月	《国家发展改革委关于第三监管周期区域电网输电价格及有关事项的通知》（发改价格〔2023〕532 号）
2023 年 5 月	《国家发展改革委关于抽水蓄能电站容量电价及有关事项的通知》（发改价格〔2023〕533 号）
2023 年 5 月	《国家发展改革委关于白鹤滩—江苏、白鹤滩—浙江特高压直流工程和白鹤滩水电站配套送出工程临时输电价格的通知》（发改价格〔2023〕404 号）
2023 年 6 月	《湖南省发展和改革委员会关于居民电动汽车充电设施用电试行分时电价的通知》（湘发改价调规〔2023〕427 号）
2023 年 7 月	《广西壮族自治区发展改革委员会关于优化峰谷分时电价机制的通知》（桂发改价格〔2023〕609 号）
2023 年 7 月	《贵州省发展改革委关于完善峰谷分时电价机制有关事项的通知》（黔发改价格〔2023〕481 号）
2023 年 7 月	《山东省发展和改革委员会关于进一步完善居民电动汽车充电桩分时电价政策的通知》（鲁发改价格〔2023〕594 号）
2023 年 9 月	《陕西省发展和改革委员会关于居民电动汽车充电桩分时电价政策有关事项的通知》（陕发改价格〔2023〕1487 号）
2023 年 11 月	《云南省发展和改革委员会关于进一步完善分时电价政策的通知》（云发改价格〔2023〕1107 号）
2023 年 11 月	《国家发展改革委 国家能源局关于建立煤电容量电价机制的通知》（发改价格〔2023〕1501 号）
2023 年 12 月	《云南省发展和改革委员会关于居民电动汽车充电桩分时电价政策的通知（试行）》（云发改价格〔2023〕1109 号）

2023 年 5 月 9 日，国家发展改革委发布《关于第三监管周期省级电网输配电价及有关事项的通知》（发改价格〔2023〕526 号），公布了第三监管周期（2023—2026 年）各省级电网输配电价水平；2023 年 5 月 11 日，国家发展改革委发布《关于第三监管周期区域电网输电价格及有关事项的通知》（发改价格〔2023〕532 号），核定并公布了华北、华东、华中、东北、西北区域电网第三监管周期两部制输电价格；2023 年 5 月 11 日，国家发展改革委发布《关于抽水蓄能电站容量电价及有关事项的通知》（发改价格〔2023〕533 号），核定并发布了在运及 2025 年底前拟投运的 48 座抽水蓄能电站容量电价。2023 年 5

月 15 日，国家发展改革委发布《关于白鹤滩—江苏、白鹤滩—浙江特高压直流工程和白鹤滩水电站配套送出工程临时输电价格的通知》（发改价格〔2023〕404 号），将白鹤滩—江苏、白鹤滩—浙江±800kV 特高压直流工程临时输电价格核定为每千瓦时 8.36 分、8.14 分（含税，含输电环节线损，线损率 6%）。

为充分发挥价格信号指引作用，合理引导电动汽车用户削峰填谷，2023 年，湖南、山东、陕西、云南等省陆续出台关于居民电动汽车充电设施用电分时电价的相关政策，对执行范畴、时段划分、电价标准等在制度上予以明确。以湖南为例，在《湖南省发展和改革委员会关于居民电动汽车充电设施用电试行分时电价的通知》（湘发改价调规〔2023〕427 号）中，将每日 24h 分为高峰、平段、低谷三段各 8h，其中高峰 11:00—14:00、18:00—23:00，平段 7:00—11:00、14:00—18:00，低谷 23:00—次日 7:00；电价标准方面，平段电价 0.604 元/kWh；低谷电价在平段电价基础上下浮 0.1 元/kWh，标准为 0.504 元/kWh；高峰电价在平段电量基础上上浮 0.1 元/kWh，标准为 0.704 元/kWh。2023 年 7 月，海南受夏季晚间空调负荷较高、凌晨低谷电价时段电动汽车集中充电等因素影响，全省负荷系统短时突增，出现“零点高峰”现象，海南发挥电价政策调节和导向作用，于 2023 年 12 月优化调整电动汽车峰谷分时电价政策中峰平谷时段划分，有效引导电动汽车用户安全合理用电。

2023 年以来，各省结合当地电力供需情况，持续优化峰谷分时电价机制，推动用户削峰填谷。2023 年 7 月，广西印发《广西壮族自治区发展改革委员会关于优化峰谷分时电价机制的通知》（桂发改价格〔2023〕609 号），宣布自 8 月起暂停实施尖峰电价机制，后续视电力供需状况、系统调节能力、新能源消纳、天气变化等因素，结合经济社会承受能力，再对尖峰电价机制进行完善；同月，贵州印发《贵州省发展改革委关于完善峰谷分时电价机制有关事项的通知》（黔发改价格〔2023〕481 号），持续扩大峰谷电价价差，峰段电价以平段电价为基础上浮 60%、谷段电价以平段电价为基础下浮 60%。2023 年 11 月，云南省印发《云南省发展和改革委员会关于进一步完善分时电价政策的通知》（云发改价格〔2023〕1107 号），选择将 1、3、4、12 月的每日 10:30—11:30、

17:30—18:30 共 2h 执行尖峰电价。

2023 年 11 月，《国家发展改革委 国家能源局关于建立煤电容量电价机制的通知》（发改价格〔2023〕1501 号）出台，将现行煤电单一制电价调整为两部制电价，其中电量电价通过市场化方式形成，容量电价按照回收煤电机组一定比例固定成本的方式确定。其中，用于计算容量电价的煤电机组固定成本实行全国统一标准，为每年每千瓦 330 元；通过容量电价回收的固定成本比例，综合考虑各地电力系统需要、煤电功能转型情况等因素确定，2024—2025 年多数地区为 30%左右，部分煤电功能转型较快地区为 50%左右。2026 年起，将各地通过容量电价回收固定成本的比例提升至不低于 50%。煤电容量电费纳入系统运行费用，每月由工商业用户按当月用电量比例分摊，由电网企业按月发布、滚动清算。

1.2.2 电力市场建设

（1）总体情况。自《关于加快建设全国统一大市场的意见》印发实施以来，各项重点任务逐步落地，2023 年 5、12 月期间两次召开国务院常务会议，就持续推进全国统一大市场建设开展工作部署。电力市场建设运营取得积极成效，中长期交易支撑电力保供成效明显，中长期签约率、履约率保持较高水平，市场价格得到有效稳定；省级电力现货市场建设积极推进，山西、广东现货市场率先转入正式运行，甘肃、山东等现货试点地区开展结算试运行；省间现货市场建设平稳推进，26 个省参与省间现货市场购电，灵活互济作用得到更好发挥；南方区域电力现货市场启动全域结算试运行，我国首次实现全区域电力现货市场结算；辅助服务市场机制持续优化，国家电网经营六大区域电网均已正式运行区域内调峰辅助服务市场，华东、华中、东北正式运行区域备用辅助服务市场，山东率先探索快速爬坡等辅助服务新品种；南方区域调频辅助服务市场平稳运行近三年，因地制宜推进广西、贵州、海南等省级调峰辅助服务市场建设，积极探索独立储能、虚拟电厂等新型主体参与辅助服务市场。

（2）重点政策。电力市场建设向纵深推进，相关政策主要集中在电力现货

市场建设、绿电绿证市场建设等领域。在电力现货市场建设方面，2023 年国家层面发布我国首个电力现货市场基本规则，对规范电力现货市场建设和运营作出部署；再次发布电力现货市场建设指导文件，明确各省/区域、省间电力现货市场试运行时间节点，持续推动电力现货市场建设。辅助服务市场方面，2023 年 4 月南方区域跨省电力备用辅助服务市场首次启动结算试运行，南方区域省间备用市场机制正式落实落地；国家能源局华中监管局、西北监管局、东北监管局等印发新版“两个细则”。推进绿电绿证市场发展方面，国家层面明确绿证是我国可再生能源电力环境属性的唯一证明，可再生能源绿证核发实现全覆盖；北京、广州电力交易中心等持续深化绿电绿证市场建设，陆续出台工作方案、优化交易实施细则等，推动绿电绿证市场机制不断完善。2023 年我国电力市场建设部分重点政策一览如表 1-2 所示。

表 1-2　　2023 年我国电力市场建设部分重点政策一览

时间	政 策 文 件
2023 年 2 月	《国家发展改革委 财政部 国家能源局 关于享受中央政府补贴的绿电项目参与绿电交易有关事项的通知》（发改体改〔2023〕75 号）
2023 年 4 月	《南方区域绿电绿证市场建设工作方案》
2023 年 4 月	《东北区域电力运行管理实施细则》《东北区域电力辅助服务管理实施细则》
2023 年 6 月	《国家能源局关于印发〈发电机组进入及退出商业运营办法〉的通知》（国能发监管规〔2023〕48 号）
2023 年 6 月	《南方区域绿色电力证书交易实施细则（2023 年版）》（广州交易〔2023〕81 号）
2023 年 7 月	《关于做好可再生能源绿色电力证书全覆盖工作促进可再生能源电力消费的通知》（发改能源〔2023〕1044 号）
2023 年 7 月	《山东省电力并网运行管理细则》《山东省电力辅助服务管理实施细则》
2023 年 8 月	《北京电力交易中心绿色电力交易实施细则（修订稿）》（京电交市〔2023〕44 号）
2023 年 8 月	《国家能源局关于进一步加强电力市场管理委员会规范运作的指导意见》（国能发监管〔2023〕57 号）
2023 年 9 月	《电力现货市场基本规则（试行）》（发改能源规〔2023〕1217 号）
2023 年 9 月	《华中区域电力辅助服务管理实施细则》《华中区域电力并网运行管理实施细则》

续表

时间	政 策 文 件
2023 年 10 月	《关于进一步加快电力现货市场建设工作的通知》（发改办体改〔2023〕813 号）
2023 年 11 月	《西北区域电力并网运行管理实施细则》《西北区域电力辅助服务管理实施细则》
2023 年 12 月	《关于山西电力现货市场由试运行转正式运行的通知》（晋能源电力发〔2023〕320 号）
2023 年 12 月	《关于广东电力现货市场转正式运行的通知》（粤发改能源〔2023〕311 号）

（1）现货市场建设。2023 年 9 月，国家发展改革委、国家能源局印发《电力现货市场基本规则（试行）》（发改能源规〔2023〕1217 号），包括十三章共一百二十九条内容，包括总则、总体要求、市场成员、市场构成与价格、现货市场运营、市场衔接机制、计量、市场结算、风险防控、市场干预、争议处理、电力市场技术支持系统、附则以及名词解释（附件）。该规则适用于采用集中式市场模式的省（区、市）/区域现货市场，以及省（区、市）/区域现货市场与相关市场的衔接。《电力现货市场基本规则（试行）》能够对已实现电力现货市场连续运行的地区提供进一步的规范引导，实现健康持续发展；对为尚未开展电力现货市场运行的地区开展电力现货市场建设探索提供可借鉴的经验，降低试错成本。

2023 年 10 月，国家发展改革委、国家能源局印发《关于进一步加快电力现货市场建设工作的通知》（发改办体改〔2023〕813 号），明确了进一步加快电力现货市场建设工作的各区域及时间节点。文件要求，各省/区域、省间现货市场连续运行一年以上，并依据市场出清结果进行调度生产和结算的，可按程序转入正式运行。在具体时间节点方面，文件要求福建 2023 年底前开展长周期结算试运行，浙江 2024 年 6 月前启动现货市场连续结算试运行，四川结合实际持续探索适应高比例水电的丰枯水季相衔接市场模式和市场机制，辽宁、江苏、安徽、河南、湖北、河北南网、江西、陕西等地区力争在 2023 年底前开展长周期结算试运行，其他地区（除西藏外）力争在 2023 年底前具备结算试运行条件，南方区域电力现货市场在 2023 年底前启动结算试运行，2023 年底前

建立长三角电力市场一体化合作机制，京津冀电力市场力争 2024 年 6 月前启动模拟试运行。

2023 年 12 月 22 日，山西省能源局、国家能源局山西监管办公室印发《关于山西电力现货市场由试运行转正式运行的通知》（晋能源电力发〔2023〕320 号），山西电力现货市场成为我国首个正式运行的电力现货市场；同年 12 月 28 日，广东省发改委、国家能源局南方监管局印发《关于广东电力现货市场转正式运行的通知》（粤发改能源〔2023〕311 号），明确广东电力现货市场即日起转入正式运行。

（2）绿电绿证交易。2023 年 2 月，国家发展改革委、财政部、国家能源局印发《关于享受中央政府补贴的绿电项目参与绿电交易有关事项的通知》（发改体改〔2023〕75 号），稳步推进享受国家可再生能源补贴的项目参与绿电交易。具体可分为三种情况：其一，若发电企业放弃补贴，参与绿电交易的全部收益归发电企业所有；其二，若继续享受国家可再生能源补贴，且为由国家保障性收购的绿电项目，参与绿电交易所产生的溢价收益及对应的绿证交易收益等额冲抵国家可再生能源补贴或归国家所有；其三，若继续享受国家可再生能源补贴，且未参与电力市场交易的绿电项目，参与绿电交易的溢价收益及参加对应绿证交易的收益，在国家可再生能源补贴发放时等额扣减。

2023 年 7 月，国家发展改革委、财政部、国家能源局印发《关于做好可再生能源绿色电力证书全覆盖工作促进可再生能源电力消费的通知》（发改能源〔2023〕1044 号），明确了绿证是我国可再生能源电量环境属性的唯一证明，是认定可再生能源电力生产、消费的唯一凭证，将可再生能源绿色电力证书（绿证）核发范围从陆上风电和集中式光伏发电项目扩展到所有已建档立卡的可再生能源发电项目，实现绿证核发全覆盖。此外文件明确，绿证在支撑绿色电力交易、认定绿色电力消费、核算可再生能源电力消费量等方面应发挥基础性作用，并同步提出要推动绿证与国内碳市场、国际绿色消费和碳减排体系做好衔接。

1.2.3 清洁低碳转型发展

（1）总体情况。2023 年，我国碳达峰碳中和“1+N”政策体系构建完成，并持续落地生效，与绿色低碳转型的政策制度体系持续完善，“双碳”工作基础能力显著增强。在不断完备的政策体系支撑下，“双碳”引擎动力十足，驱动我国在绿色低碳转型道路上砥砺前行。2023 年 7 月，中央全面深化改革委员会第二次会议进一步强调，“要立足我国生态文明建设已进入以降碳为重点战略方向的关键时期，完善能源消耗总量和强度调控，逐步转向碳排放总量和强度双控制度”“要坚持先立后破，完善能耗双控制度，优化完善调控方式，加强碳排放双控基础能力建设，健全碳排放双控各项配套制度，为建立和实施碳排放双控制度积极创造条件”。2023 年以来，围绕促进风电、光伏等新能源发展，国家层面相继出台一批相关配套措施，与清洁低碳发展密切的碳排放权交易相关政策体系也进一步完善。

（2）重点政策。推动能源电力绿色低碳发展也是我国深化改革的重要目标之一。2023 年以来，国家层面通过推动油气和新能源融合、完善市场机制、健全标准体系、开展试点示范等方式，推动我国新能源行业发展。与此同时，持续完善全国碳排放权交易市场机制，推进自愿减排市场相关制度建设，2023 年清洁低碳转型发展部分重点政策一览见表 1-3。

表 1-3　2023 年清洁低碳转型发展部分重点政策一览

时间	政策文件
2023 年 2 月	《国家能源局关于印发加快油气勘探开发与新能源融合发展行动方案（2023—2025 年）的通知》（国能发油气〔2023〕21 号）
2023 年 3 月	《国家能源局 生态环境部 农业农村部 国家乡村振兴局关于组织开展农村能源革命试点县建设的通知》（国能发新能〔2023〕23 号）
2023 年 3 月	《关于做好 2021、2022 年度全国碳排放权交易配额分配相关工作的通知》（国环规气候〔2023〕1 号）
2023 年 4 月	《国家能源局综合司关于进一步做好抽水蓄能规划建设工作有关事项的通知》（国能综通新能〔2023〕47 号）

续表

时间	政 策 文 件
2023 年 4 月	《关于印发〈碳达峰碳中和标准体系建设指南〉的通知》（国标委联〔2023〕19 号）
2023 年 4 月	《国家能源局综合司关于推动光热发电规模化发展有关事项的通知》（国能综通新能〔2023〕28 号）
2023 年 6 月	《国家能源局综合司关于开展新型储能试点示范工作的通知》（国能综通科技〔2023〕77 号）
2023 年 6 月	《国家能源局关于印发〈风电场改造升级和退役管理办法〉的通知》（国能发新能规〔2023〕45 号）
2023 年 6 月	《国家能源局综合司关于印发开展分布式光伏接入电网承载力及提升措施评估试点工作的通知》（国能综通新能〔2023〕74 号）
2023 年 7 月	《关于全国碳排放权交易市场 2021、2022 年度碳排放配额清缴相关工作的通知》（环办气候函〔2023〕237 号）
2023 年 8 月	《关于印发〈氢能产业标准体系建设指南（2023 版）〉的通知》（国标委联〔2023〕34 号）
2023 年 9 月	《国家能源局综合司关于印发〈开展新能源及抽水蓄能开发领域不当市场干预行为专项整治工作方案〉的通知》（国能综通新能〔2023〕106 号）
2023 年 9 月	《国家能源局关于组织开展可再生能源发展试点示范的通知》（国能发新能〔2023〕66 号）
2023 年 10 月	《国家能源局关于印发〈可再生能源利用统计调查制度〉的通知》（国能发新能〔2023〕74 号）
2023 年 10 月	《温室气体自愿减排交易管理办法（试行）》
2023 年 11 月	《国家发展改革委等部门关于加快建立产品碳足迹管理体系的意见》（发改环资〔2023〕1529 号）
2023 年 11 月	《国家发展改革委关于印发〈国家碳达峰试点建设方案〉的通知》（发改环资〔2023〕1409 号）

2023 年 3 月，国家能源局、生态环境部、农业农村部、国家乡村振兴局印发《关于组织开展农村能源革命试点县建设的通知》（国能发新能〔2023〕23 号），在能源供给、能源消费、能源技术、能源体制四方面部署十项重点任务，包括推进可再生能源发电就地就近开发和利用、加快推进可再生能源非电开发、探索建设乡村能源站、加快推进电能替代、巩固提升农村电网、探索扩大可再生能源终端直接应用规模、推进分布式能源技术创新应用、探索建设新型

农村能源网络、深化能源领域“放管服”改革优化营商环境、探索建立农村能源发展共享机制。提出到2025年，试点县可再生能源在一次能源消费总量占比超过30%，在一次能源消费增量中占比超过60%。

2023年4月，国家标准委等十一部门联合印发《碳达峰碳中和标准体系建设指南》（国标委联〔2023〕19号），提出围绕基础通用标准，以及碳减排、碳清除、碳市场等发展需求，基本建成碳达峰碳中和标准体系。到2025年，制修订不少于1000项国家标准和行业标准（包括外文版本），主要行业碳核算核查实现标准全覆盖，重点行业和产品能耗能效标准指标稳步提升，实质性参与绿色低碳相关国际标准不少于30项。该指南建构了碳达峰碳中和标准体系框架，包括基础通用标准子体系、碳减排标准子体系、碳清除标准子体系和市场化机制标准子体系等4个一级子体系，并进一步细分为15个二级子体系、63个三级子体系。

2023年11月，国家发展改革委、工业和信息化部等五部门联合发布《关于加快建立产品碳足迹管理体系的意见》（发改环资〔2023〕1529号），提出推动建立符合国情实际的产品碳足迹管理体系，完善重点产品碳足迹核算方法规则和标准体系，建立产品碳足迹背景数据库等任务，并分别提出2025年、2030年产品碳足迹管理体系建设的具体目标。与此同时，该意见对产品碳足迹管理各项重点任务作出系统部署，包括五个方面重点工作，一是制定产品碳足迹核算规则标准，二是建设碳足迹背景数据库，三是建立产品碳标识认证制度，四是丰富产品碳足迹应用场景，五是推动碳足迹国际衔接互认，致力于构建起产品碳足迹管理体系总体框架。

2023年11月，国家发展改革委印发《国家碳达峰试点建设方案》（发改环资〔2023〕1409号），在河北、山西、内蒙古、辽宁、黑龙江、江苏、浙江、安徽、山东、河南、湖北、湖南、广东、陕西、新疆等15省（自治区）选定首批国家碳达峰试点，综合考虑功能定位、区位特点、经济发展水平、资源禀赋等合理部署碳达峰试点建设任务，开展碳达峰试点建设，探索不同资源禀赋和发展基础的城市和园区碳达峰路径，为全国提供可操作、可复制、

可推广的经验做法。

2024 年 5 月 22 日，生态环境部会同国家发展改革委等部门印发《关于建立碳足迹管理体系的实施方案》。文件提出四项主要任务，包括建立健全碳足迹管理体系、构建多方参与的碳足迹工作格局、推动产品碳足迹规则国际互信、持续加强产品碳足迹能力建设。该方案描绘了我国碳足迹管理体系的蓝图，将有助于企业更准确地核算和报告碳足迹，优化产品设计和生产过程，提升市场竞争力。

第 2 章

电力市场成员情况

2023 年，经营主体准入范围持续扩大，主体数量快速增长。截至 2023 年底，各电力交易平台累计注册市场主体 74.3 万家，同比增长 23.9%。其中，发电企业约 3.3 万家，已参与市场的发电装机占总装机比例超 70%；售电公司约 4200 家[❶]。2018—2023 年我国电力经营主体注册情况如图 2-1 所示。

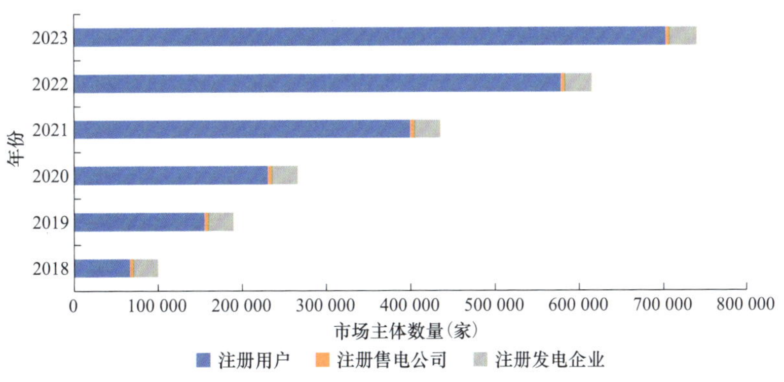

图 2-1　2018—2023 年我国电力经营主体注册情况

2.1　发电企业

2.1.1　发展现状

2023 年 6 月，国家能源局修订发布了《发电机组进入及退出商业运营办法》（国能发监管规〔2023〕48 号），明确在规定时间内具备条件的自动进入商业运营、进一步取消了并网调试申请等备案程序；将电化学、压缩空气、飞轮、储热等新型储能纳入适用主体范围，明确了独立储能参照发电机组进入及退出商业运行执行，新兴经营主体得到进一步的发展壮大。

截至 2023 年底，全国在各电力交易平台累计注册的发电企业市场主体超过 3.3 万家。其中，南方电网公司经营区域内省内市场注册发电企业数量超过 1000 家，内蒙古电力多边市场发电企业 556 家[❷]，发电企业的市场意识不断增强。2023

❶　来源：中国电力企业联合会。
❷　《内蒙古电力多边交易市场 2024 年 1 月信息披露》https：//news.bjx.com.cn/html/20240222/1362294. shtml.

年注册发电厂数量按电网企业经营区域构成情况见图 2-2。

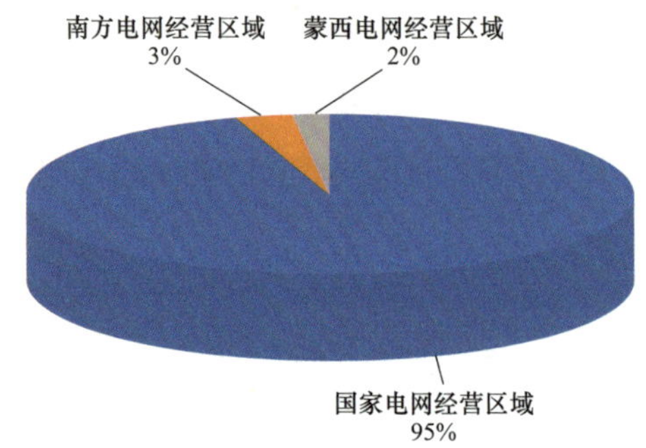

图 2-2　2023 年注册发电厂数量按电网企业经营区域构成情况

2.1.2　发展趋势

（1）燃煤发电的容量价值将得到更多重视。容量电价机制下煤电的“压舱石”地位得到了更好的机制保障，煤电企业的盈利能力有望获得有益改善。随着煤电容量电价机制在各省区的逐步落地应用，其定价标准、分摊模式、结算流程、考核机制等下一步将不断优化。在新的市场竞争环境下，燃煤等发电企业将不仅关注电能量价值，也会同步重视容量价值。

（2）更多新能源发电将参与电力市场化交易，对企业运营提出更高要求。随着风电、光伏等清洁能源的快速发展，新能源参与市场化交易的进程不断加速，对新能源发电企业在中长期合同签订、合约电量分解、出力预测、偏差管理、风险防控能力等提出更高要求，促使新能源发电企业不断提升运营管理水平，并同步积极探索通过绿证绿电市场等方式进一步挖掘盈利模式和收益渠道。

2.2　售电公司

2.2.1　发展现状

随着工商业用户全面入市，售电公司迎来更大市场空间。截至 2023 年底，全国在各电力交易中心注册售电公司超 4000 家，其中，南方电网经营范围内

的省内售电公司注册数量超 700 家，内蒙古电力多边市场售电公司主体 84 家。2023 年全国注册售电公司数量按电网企业经营区域构成情况如图 2-3 所示。"电商式"交易逐步涌现，各省区为售电公司提供套餐展示、签约服务的售电平台，促成更多零售交易线上成交。如山西 2023 年 1—4 月，共有 11 665 家零售用户与 205 家售电公司在线上零售平台达成零售交易合约 13 712 笔，用户签约比达到 98.7%，交易规模约占零售侧年度总用电量的 90%。

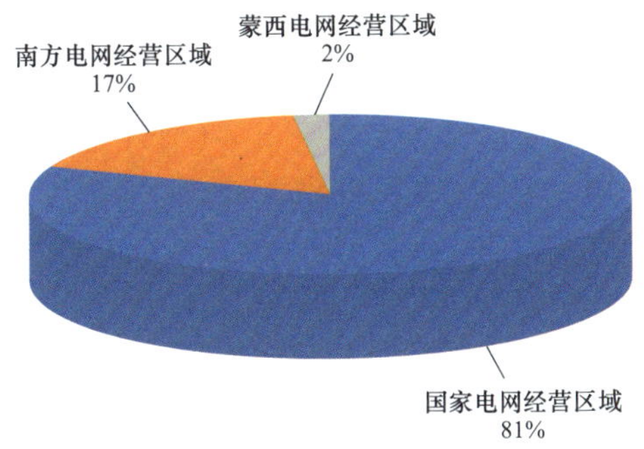

图 2-3　2023 年全国注册售电公司数量按电网企业经营区域构成情况

受市场成熟程度、参与交易能力等因素影响，2023 年售电公司参与市场交易的情况稳步向好。以南方区域为例，2023 年实际参与市场化交易的售电公司数量超过 400 家，占注册市场主体比例约 57%。

2.2.2　发展趋势

（1）"双碳"目标推动绿色售电业务快速发展。碳减排目标下，用户侧环保意识不断提高，绿电消费、绿证认购等需求呈增长趋势，提供绿色售电服务将成为售电公司未来布局的重点方向之一。通过密切跟踪政策动态，强化与可再生能源企业等对接、量身定制绿色能源供应方案、优化绿电套餐设计等方式提供更加丰富的增值服务，形成具有市场竞争力的绿色电力营销策略。

（2）售电行业进入专业化、高质量发展阶段。随着售电公司运营管理得到进一步规范，售电企业监管同步趋严，更多未实质性开展业务的售电公司逐渐被强制退市，盈利能力弱的售电企业将逐步消亡；随着现货市场建设的加速推进，对售电公司的资金实力、价格预测和风险管理能力等提出更高要求，售电公司迎来更加激烈的竞争，具备丰富业务模式、较强客户服务能力的售电公司将得到更好发展。

（3）售电公司将更加重视发挥人工智能、大数据等技术的作用。近年来大数据、云计算、人工智能、区块链等技术加速创新，日益融入经济社会发展各领域全过程，驱动售电公司充分利用新兴数字技术手段，更好了解用户用能特征、需求偏好等，促使商业模式不断创新，拓展面向综合能源服务、碳排放计量、绿电绿证交易等多样化、个性化售电服务，以数字化智能化技术加快推动电能消费环节提质增效。

2.3　电力用户

2.3.1　发展现状

自《国家发展改革委关于进一步深化燃煤发电上网电价市场化改革的通知》（发改价格〔2021〕1439 号）出台以来，工商业用户全面入市，用户主体数量得到进一步增长。截至 2023 年，全国各电力交易机构注册电力用户逾 70 万家，南方区域经营范围内的省内市场电力用户注册数量超过 17 万家，内蒙古电力多边市场电力用户约 2467 家，全国范围注册电力用户数量按电网企业经营区域构成情况如图 2-4 所示。

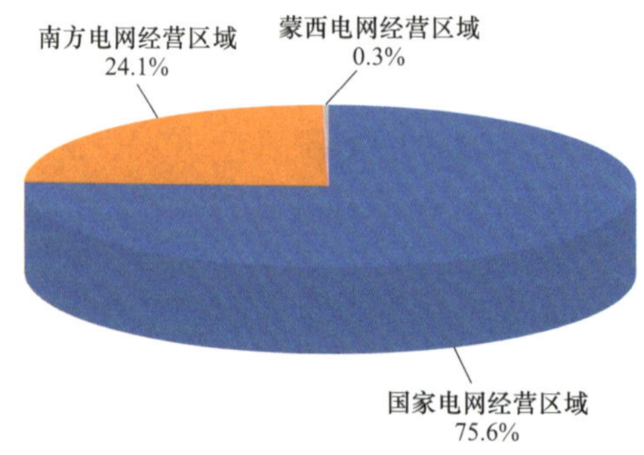

图 2-4　2023 年全国注册电力用户数量按电网企业经营区域构成情况

从参与市场形势看，随着市场意识和参与能力的不断提升，电力用户的整体市场参与度维持较高水平。以南方区域为例，2023 年实际参与电力市场交易的用户约占总电力用户的 80%，云南超 90%的电力用户实际参与电力市场交易。

2.3.2 发展趋势

（1）电力用户在市场中将呈现更加多元化的角色特征。电动汽车、虚拟电厂等新兴用户侧主体将与市场机制和价格政策之间产生良性互动。在价格信号的引导下，更多电力用户将通过主动转变用电模式等方式，助力实现系统削峰填谷。

（2）电力用户将更加注重节约能源、提高能效和减排降碳。市场机制将在激发用户侧节能降碳内生动力方面发挥更大作用，在全球绿色低碳转型发展形势下，电力用户的节能减排意识得到进一步强化，节能改造、能源咨询、碳排放诊断等节能降碳业务需求预计进一步增长，更多电力用户等将积极探索通过消费绿色电力等方式，满足其在出口贸易、社会责任、绿色投融资等方面的需求。

2.4 交易机构

2.4.1 发展现状

根据公开披露信息，截至 2024 年 6 月，全国 34 家电力交易机构均已进行股份制改造，包括国网经营区内北京电力交易中心和 27 家省级电力交易机构，以及南网经营区域内广州电力交易中心和 5 家省级电力交易机构，目前南方电网公司持有各交易机构股权均不超过 44%。我国部分电力交易中心股份制改革进展情况如表 2-1 所示。

表 2-1　　我国部分电力交易中心股份制改革进展情况

序号	名称	股改进展
1	北京电力交易中心	电网企业占比 70.00%
2	广州电力交易中心	电网企业占比 39.00%
3	广东电力交易中心	电网企业占比 39.00%
4	广西电力交易中心	电网企业占比 37.356 0%
5	昆明电力交易中心	电网企业占比 44.00%
6	贵州电力交易中心	电网企业占比 39.00%
7	海南电力交易中心	电网企业占比 37.000 1%
8	首都电力交易中心	电网企业占比 43.00%
9	天津电力交易中心	电网企业占比 40.00%
10	山东电力交易中心	电网企业占比 41.00%
11	上海电力交易中心	电网企业占比 43.00%
12	福建电力交易中心	电网企业占比 40.00%
13	湖北电力交易中心	电网企业占比 41.176 5%
14	辽宁电力交易中心	电网企业占比 40.00%
15	吉林电力交易中心	电网企业占比 45.00%
16	甘肃电力交易中心	电网企业占比 44.00%
17	青海电力交易中心	电网企业占比 45.00%
18	重庆电力交易中心	电网企业占比 39.00%
19	西藏电力交易中心	电网企业占比 46.00%
20	冀北电力交易中心	电网企业占比 40.999 4%
21	河北电力交易中心	电网企业占比 41.000 4%
22	江苏电力交易中心	电网企业占比 43.00%
23	浙江电力交易中心	电网企业占比 40.00%
24	湖南电力交易中心	电网企业占比 41.00%
25	河南电力交易中心	电网企业占比 43.00%
26	黑龙江电力交易中心	电网企业占比 40.00%

续表

序号	名称	股改进展
27	内蒙古东部电力交易中心	电网企业占比 41.205 0%
28	宁夏电力交易中心	电网企业占比 45.00%
29	新疆电力交易中心	电网企业占比 43.00%
30	江西电力交易中心	电网企业占比 40.00%
31	山西电力交易中心	电网企业占比 47.00%
32	陕西电力交易中心	电网企业占比 41.00%
33	安徽电力交易中心	电网企业占比 44.80%
34	四川电力交易中心	电网企业占比 40.00%
35	内蒙古电力交易中心	电网企业占比 49.00%

2023 年 9 月，国家发展改革委、国家能源局印发《电力现货市场基本规则（试行）》，对电力交易机构的权利和义务进行了进一步的明确。包括向经营主体提供市场注册、信息变更和退出等相关服务；负责中长期交易组织及合同管理，负责中长期交易组织及合同管理，负责现货交易申报和信息发布；提供电力交易结算依据及相关服务；建设、运营和维护电力交易平台和相关配套系统；按照国家信息安全与保密、电力市场信息披露和报送等有关规定披露和发布信息，承担保密义务；提供信息发布平台，为经营主体信息发布提供便利，获得市场成员提供的支撑现货市场交易以及服务需求的数据等；制定信息披露标准格式，及时开放数据接口；监测和分析市场运行情况，记录经营主体违反交易规则、扰乱市场秩序等违规行为，向国家能源局派出机构、省（区、市）有关主管部门及时报告并配合相关调查，依法依规实施市场干预，防控市场风险。电力交易机构的运行更加规范。

2.4.2　发展趋势

（1）电力交易机构将在未来绿电绿证市场机制设计和交易组织等方面进一步发挥平台作用。目前北京电力交易中心、广州电力交易中心、内蒙古电力交易中心等已成为绿证绿电交易的组织机构，也陆续出台了绿色电力交易组织的具体规则等；预计下阶段随着绿电交易的逐步扩围、绿证市场机制的进一步完善，电力交易机构在跨省跨区绿电绿证交易协调机制、市场化交易组织等方面发挥更大作用。推动绿色要素资源得到更大范围的优化配置。

（2）电力市场管理委员会预计将发挥更大作用。电力市场管理委员会作为独立于电力交易结构的自治性议事协调机制，与运营机构市场监测、监管机构专业监管共同形成电力市场运行“三道防线”；随着我国电力市场建设的逐步深化，主体范围、交易品种等不断丰富，预计未来电力市场管理委员会的协同共治作用将得到进一步发挥，推动电力交易机构更加独立、规范的运行。

第 3 章

电力市场运营情况

3.1 电力批发市场

3.1.1 总体情况

根据党中央、国务院关于加快建设全国统一大市场的重要决策部署，按照《国家发展改革委　国家能源局关于加快建设全国统一电力市场体系的指导意见》，2023 年全国统一电力市场体系建设积极推进，取得积极成效。

市场化交易电量持续增长。2023 年，全国各电力交易中心累计组织完成市场交易电量为 56 679.4 亿 kWh，同比增长为 7.9%[1]；其中，省内交易电量约为 45 090.1 亿 kWh，同比增长为 6.9%，占全国各电力交易中心组织完成市场交易电量的 79.6%；省间交易电量约为 11 589.4 亿 kWh，同比增长约为 20.4%。新能源入市进程不断加快，2023 年全国新能源市场化交易电量约 6845 亿 kWh，占新能源总发电量的 47.3%。

中长期交易在全国范围内常态化开展，签约率、履约率保持较高水平，中长期交易电量占市场化电量比重超 90%，稳定了总体市场规模和交易价格；现货市场建设加速推进，在全国首批 8 个现货试点中山西、广东电力现货市场相继转入正式运行，南方区域电力现货市场实现全区域结算试运行。

市场机制促进大范围资源优化互济作用进一步凸显。国家电网、蒙西电网经营区域内 26 个省参与省间现货市场购电，省间现货成交电量超 300 亿 kWh，充分发挥市场机制余缺调剂、促进保供与消纳的作用；南方区域电力市场经过 7 轮调电 3 轮结算，市场表现稳健，价格出清符合预期，电力供应平稳有序，市场参与度高（961 家主体，发电侧 100%、用电侧 97%主动报价），51 家储能、新兴及新能源主体参加，经历了汛枯期、新能源大发、极端天气等多轮考验。

3.1.2 交易电量

2023 年，全国各电力交易中心累计组织完成市场交易电量为 56 679.4

[1] 来源：中国电力企业联合会。

亿 kWh，同比增长 7.9%，占全社会用电量比重为 61.4%，同比提高 0.61 个百分点。其中，全国电力市场中长期电力直接交易电量约为 44 288.9 亿 kWh，同比增长 7%，占据全社会用电量比重达到 48%，同比提高 11.4 个百分点。2016—2023 年全国范围内市场化交易电量规模及占全社会用电量比重情况如图 3-1 所示。

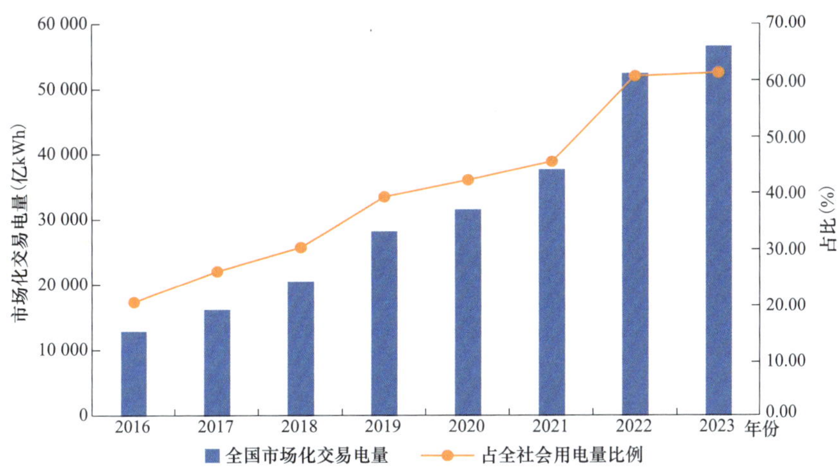

图 3-1　2016—2023 年全国范围内市场化交易电量规模及占全社会用电量比重情况

分季度看，2023 年各季度市场化交易电量分别约为 13 235.3 亿、13 265.8 亿、15 547.2 亿、14 631.1 亿 kWh，占全社会用电量比重分别约为 62.4%、60.6%、60.8%、62.0%。2022—2023 年全国范围内分季度市场化交易电量和全社会用电量占比情况如图 3-2 所示。

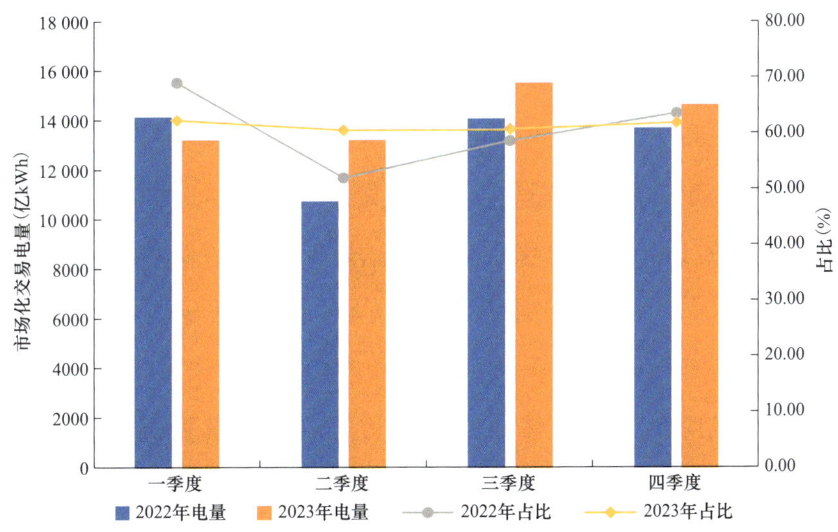

图 3-2　2022—2023 年全国范围内分季度市场化交易电量和全社会用电量占比情况

分经营区域来看，国网经营区域内各电力交易中心、南网经营区域内各电力交易中心以及内蒙古电力交易中心累计组织完成市场化交易电量分别为 44 433.6 亿、9317.7 亿、2928.1 亿 kWh，分别占全国市场化交易总电量的 78.4%、16.4%、5.2%。从市场化电量占全社会用电量比重来看，国网经营区域市场化水平为 61.1%，同比提高 0.3 个百分点；南网经营区域市场化水平为 59.2%，同比提高 0.9 个百分点；蒙西电网经营区域市场化水平最高，约为 77.3%，同比提高 5.4 个百分点。全国范围内电力市场化交易规模结构和不同经营区域内市场化电量占全社会用电量比重如图 3-3 所示。

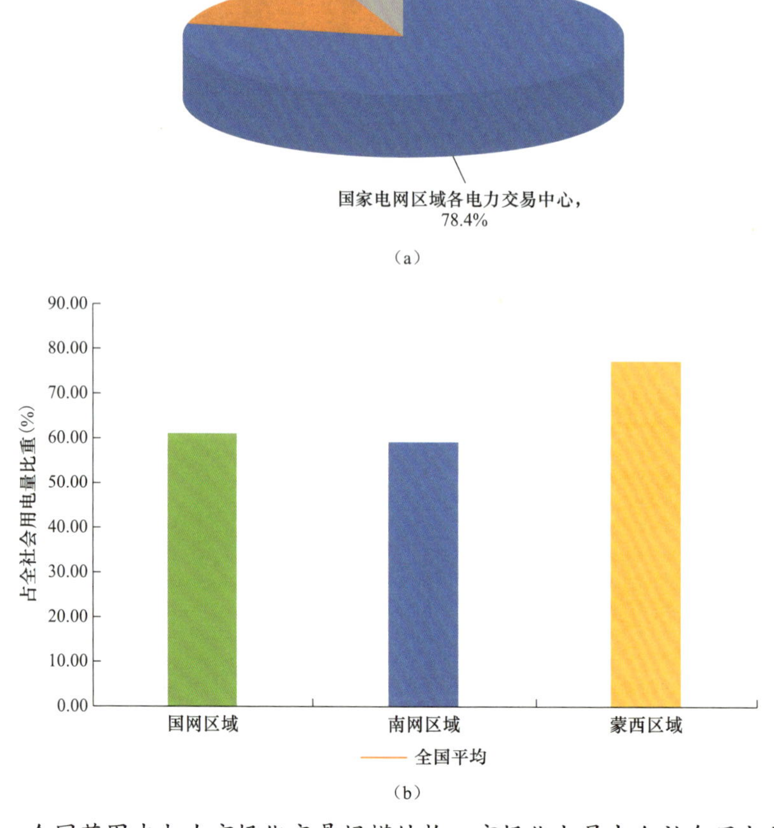

图 3-3　全国范围内电力市场化交易规模结构、市场化电量占全社会用电量比重

（a）全国电力市场化交易规模结构；（b）市场化电量占全社会用电量比重

分省来看，全国共有 18 个省（区、市）电力直接交易电量占全社会用电

量比重超过全国平均水平，其中，云南、青海、福建、宁夏、山西、蒙西的电力直接交易较为活跃，其电力直接交易电量占全社会用电量比重超过 60%。江苏、广东、浙江、蒙西、山东、河南、河北等省（区）电力直接交易规模处于全国前列，电量规模均超过 2000 亿 kWh。2023 年全国各省（区、市）电力直接交易电量占全社会用电量比重如图 3-4 所示。

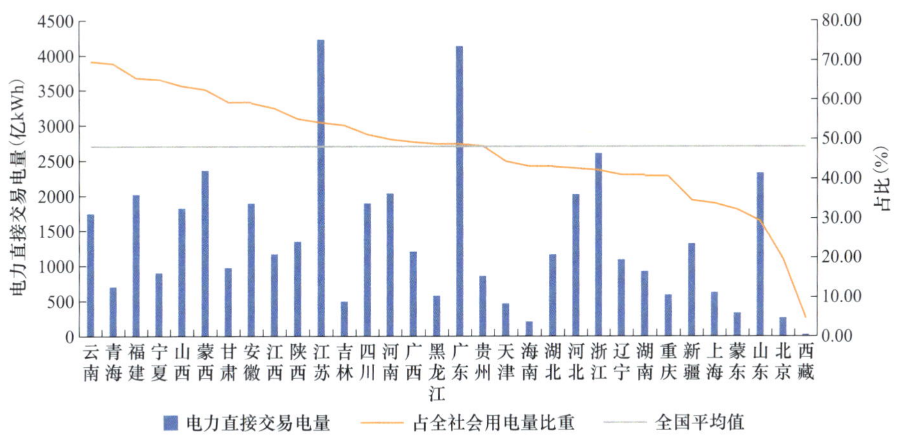

图 3-4　2023 年全国各省（区、市）电力直接交易电量占全社会用电量比重

3.1.3　市场结构

分交易类别来看，全年省内市场化交易电量约为 45 090.1 亿 kWh，占全国市场化交易电量的 79.6%，其中，电力直接交易为 42 995.3 亿 kWh（含绿电交易为 537.7 亿 kWh、电网代理购电 8794.7 亿 kWh）、发电权交易为 1964.2 亿 kWh、抽水蓄能交易为 4.0 亿 kWh、其他交易为 126.5 亿 kWh。省间交易电量约为 11 589.4 亿 kWh，约占市场化交易电量的 20.4%，其中，省间电力直接交易为 1293.6 亿 kWh、省间外送交易为 10 159.7 亿 kWh、发电权交易为 136.1 亿 kWh。2023 年全国市场化交易电量结构如图 3-5 所示。

分经营区域来看，对于省间和省内两种交易方式，国网经营区域省间市场化交易电量同比增长 13.2%，约占国网经营区域市场化交易总电量的 24.5%，相较去年上升 1.5 个百分点；南网经营区域省间交易市场化电量同比下降 5.7%，约占南网经营区域市场化交易总电量的 7.6%，相较去年回落 1.4 个百分点；蒙

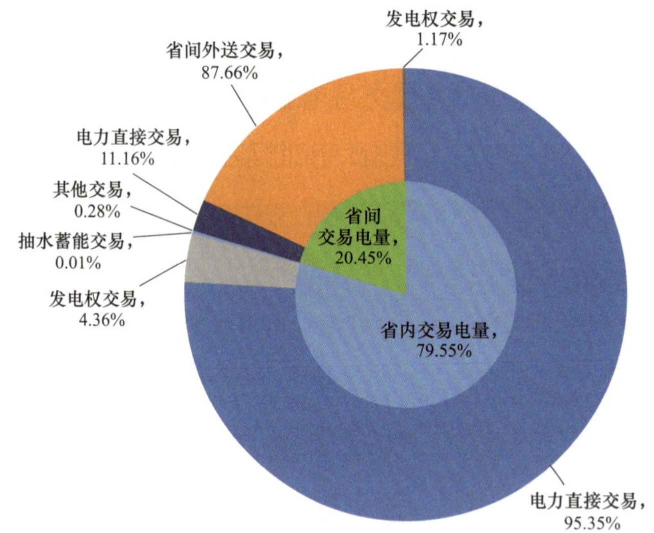

图 3-5　2023 年全国市场化交易电量结构

来源：中国电力企业联合会

西电网区域市场化交易电量均为蒙西区域内交易电量。2023 年不同经营区域市场化交易电量结构情况如图 3-6、图 3-7 所示。

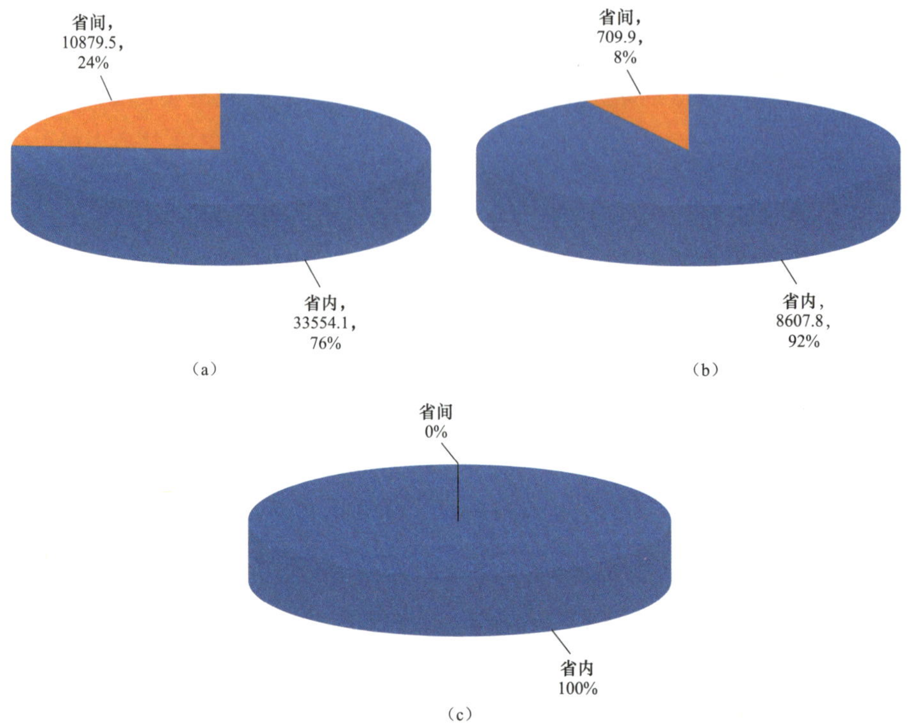

图 3-6　2023 年不同电网经营区域省间、省内市场化交易电量结构情况

（a）国网区域；（b）南网区域；（c）蒙西区域

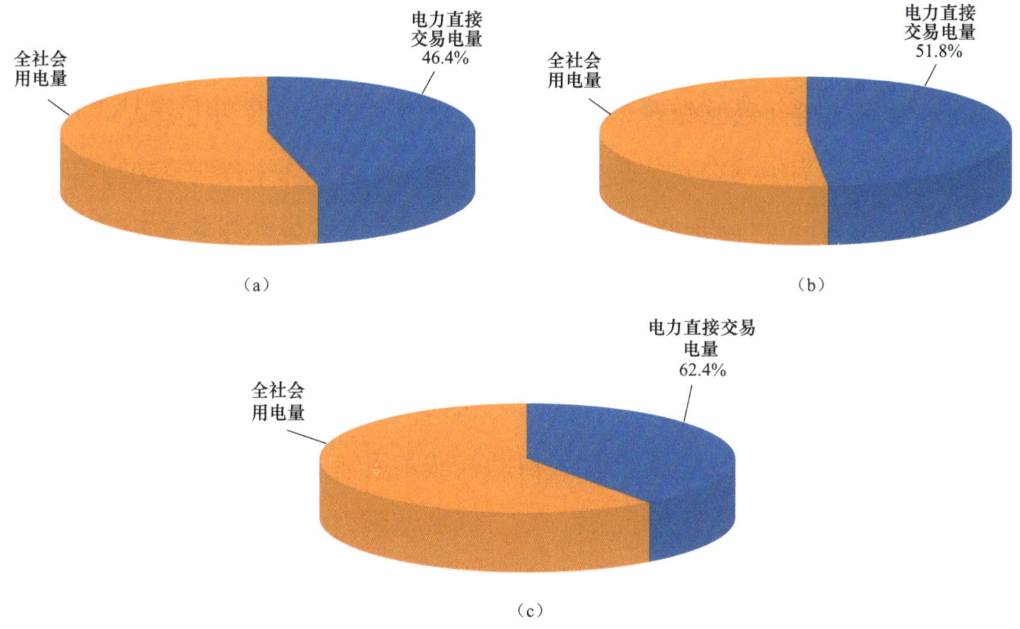

图 3-7　2023 年不同电网经营区域内直接交易电量占全社会电量比重

（a）国网区域；（b）南网区域；（c）蒙西区域

3.1.4　交易体系

（1）中长期市场。全国范围内电力中长期交易已常态化开展，交易周期覆盖多年到多日，年度交易充分发挥中长期交易稳定电力电量平衡作用，形成稳定的基础送电格局，夯实保供基本盘；月度、月内交易为迎峰度夏、迎峰度冬期间及时响应供需形势变化、保障电力系统运行稳定提供有力支撑。2023 年中长期签约率、履约率保持较高水平，充分发挥了“压舱石”作用，保障了市场规模和交易价格的总体稳定。绿电交易规模持续扩大，2021 年 9 月绿电交易开市以来，至 2023 年底全国累计绿电交易达到约为 954 亿 kWh。新能源逐步进入电力市场，市场化交易电量去年 6845 亿 kWh，占新能源总发电量的 47.3%。

（2）现货市场。试点地区方面，首批 8 个现货试点地区中山西、广东分别于 2023 年 12 月 22 日和 28 转入正式运行，蒙西、山东、甘肃进入长周期不间断结算试运行阶段，第二批 6 个现货试点地区中江苏、安徽、辽宁、湖北、河南这 5 个地区全年共完成 9 次结算试运行。省间现货市场方面，省间现货市场于 2023 年完成整年连续结算试运行，覆盖范围为国家电网和内蒙古电力公司经营区，买方均为电网公司代理购电，售电公司和用户尚未参与，2023 年成交电量 308 亿 kWh；区域现货市场方面，2023 年南方区域共开展 5 轮调电试运行，于 12 月 15—16 日成功开展了首次全域结算试运行，范围覆盖南方五省区，是我国首次实现全区域电力现货市场结算。

（3）辅助服务市场。国网经营区六大区域电网均已正式运行区域内调峰辅助服务市场，华东、华中、东北正式启动区域备用辅助服务市场，山东等地积极探索快速爬坡等辅助服务新品种；南方区域范围内，云南、贵州等省份陆续发布电力辅助服务市场交易规则，云南推动建立调频辅助服务市场，贵州探索独立储能、电源侧储能参与电力辅助服务调峰及黑启动交易方式。2023 年 1—6 月，全国电力辅助服务费用共计 278 亿元，占上网电费的 1.9%。从结构上看，市场化补偿费用 204 亿元，占比为 73.4%；固定补偿费用 74 亿元，占比为 26.6%；从类形上看，调峰补偿费用 167 亿元，占比为 60.0%；调频补偿费用 54 亿元，占比为 19.4%；备用补偿费用 45 亿元，占比为 16.2%；从主体来看，火电企业获得补偿 254 亿元，占比为 91.4%[1]。2023 年全年，电力辅助服务机制全年挖掘系统调节能力超 1.17 亿 kW，促进清洁能源增发电量超过 1200 亿 kWh[2]。

3.2 电力价格

3.2.1 容量电价

2023 年，国家发展改革委、国家能源局印发《关于建立煤电容量电价机制

[1] 国家能源局：上半年市场化交易电量规模稳步增长 https：//www.nea.gov.cn/2023-08/04/c_ 1310735566.htm.

[2] 国家能源局 2024 年一季度新闻发布会文字实录 https：//www.nea.gov.cn/2024-01/25/c_ 1310762019.htm.

的通知》，自 2024 年 1 月起对煤电实施两部制电价政策。通知明确，用于计算容量电价的煤电机组固定成本实行全国统一标准，为每年 330 元/kW；2024—2025 年，多数地方通过容量电价回收固定成本的比例为 30%左右，部分煤电功能转型较快的地方适当高一些；2026 年起，各地通过容量电价回收固定成本的比例提升至不低于 50%。煤电容量电费纳入系统运行费用，每月由工商业用户按当月用电量比例分摊。2024—2025 年省级电网煤电容量电价表如表 3-1 所示。

表 3-1　　2024—2025 年省级电网煤电容量电价表

省级电网	容量电价（元/kW 年，含税）	省级电网	容量电价（元/kW 年，含税）
北　京	100	河南	165
天　津	100	湖北	100
冀　北	100	湖南	165
河　北	100	重庆	165
山　西	100	四川	165
山　东	100	陕西	100
蒙　西	100	新疆	100
蒙　东	100	青海	165
辽　宁	100	宁夏	100
吉　林	100	甘肃	100
黑龙江	100	深圳	100
上　海	100	广东	100
江　苏	100	云南	165
浙　江	100	海南	100
安　徽	100	贵州	100
福　建	100	广西	165
江　西	100		

注　2026 年起，云南、四川等煤电转型较快的地方通过容量电价回收煤电固定成本的比例原则上提升至不低于 70%，其他地方提升至不低于 50%。

3.2.2 电能量价格

本章选取国内电力市场化交易规模较大、交易相对活跃的省级电力市场，对其 2023 年电力市场交易价格情况跟踪分析如下。

1. 广东电力市场

（1）总体市场价格。2023 年，广东电力中长期市场一级市场交易均价为 0.539 9 元/kWh；在广东电力中长期二级市场中，发电侧合同转让成交均价为 0.538 1 元/kWh，用电侧合同转让成交均价为 0.524 3 元/kWh。

（2）年度交易价格。2023 年，年度交易成交均价为 0.544 5 元/kWh，其中，年度双边协商交易成交均价为 0.544 3 元/kWh，年度挂牌交易成交均价为 0.552 2 元/kWh，年度集中交易成交均价为 0.544 0 元/kWh，年内新增年度交易成交均价为 0.545 0 元/kWh。

（3）月度交易价格。2023 年，广东月度交易成交均价为 0.509 3 元/kWh，分发电类型来看，煤机交易均价为 0.509 9 元/kWh，气机交易均价为 0.513 7 元/kWh，核电交易均价为 0.467 5 元/kWh；分交易类型来看，月度集中竞争交易均价为 0.485 8 元/kWh，月度双边协商交易均价为 0.517 7 元/kWh，月度挂牌交易成交均价为 0.489 1 元/kWh；分月来看，各月平均成交均价均在 0.478 0 元/kWh 以上，最高达到 0.548 0 元/kWh；2023 年广东电力市场年度交易分月价格、月度交易成交价格情况如图 3-8 所示。

（4）周及多日交易价格。2023 年，广东共开展多日分时集中竞争交易 142 次，净合约成交电量为–0.7 亿 kWh，交易均价为 0.564 5 元/kWh；累计合约成交电量为 2.7 亿 kWh，交易均价为 0.473 9 元/kWh。2023 年 9 月以来，广东共开展周双边协商交易 47 次，净合约成交电量为–22.8 亿 kWh，交易均价为 0.579 4 元/kWh；累计合约成交电量为 36.8 亿 kWh，交易均价为 0.563 6 元/kWh。

（5）市场合同转让交易价格。2023 年广东发电侧合同转让交易成交均价为 0.538 1 元/kWh，其中，煤机、气机受让电量成交均价分别为 0.518 3、0.572 2 元/kWh；广东用电侧合同转让交易成交均价为 0.524 3 元/kWh，2023 年 9 月起取

消用电侧合同转让交易，2023 年各月发电侧、用电侧合同转让交易价格情况如图 3-9 所示。

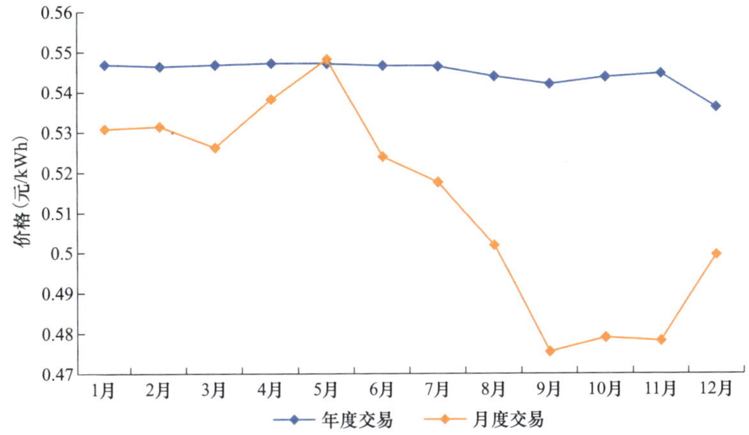

图 3-8　2023 年广东电力市场年度交易分月价格、月度交易成交价格情况

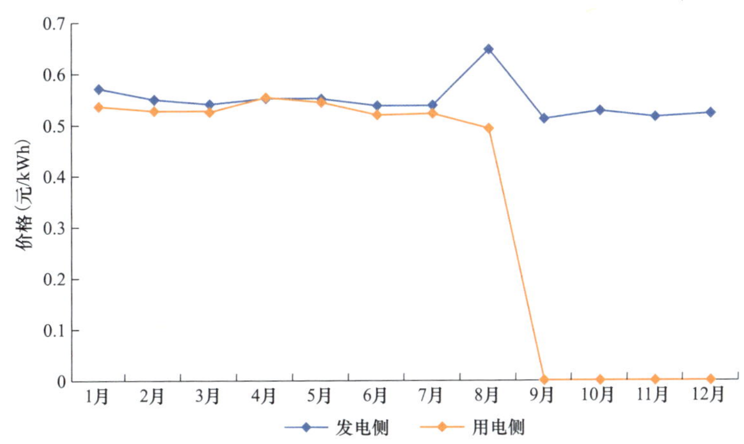

图 3-9　2023 年各月发电侧、用电侧合同转让交易成交价格情况

（6）现货市场价格。2023 年，广东共有 246 台机组、176 家售电公司、4 家大用户和 1 家独立储能企业参与日前审报，平均报价为 0.530 元/kWh，其中，煤机报价为 0.487 元/kWh，气机为 0.726 元/kWh。日前市场加权均价为 0.438 元/kWh，日前均价最高为 0.835 元/kWh，最低为 0.170 元/kWh；实时市场加权均价为 0.453 元/kWh，实时均价最高为 0.760 元/kWh，最低为 0.150 元/kWh。从整体价格分布情况来看，日前和实时价格主要集中在 0.2～0.7 元/kWh 之间。2023 年，广东共有 4 家新能源发电企业参与现货交易，平均申报电价为 0.001 7 元/kWh，

日前交易均价为 0.415 元/kWh；实时交易均价为 0.403 元/kWh。

（7）可再生绿电交易价格。2023 年，广东累计组织可再生绿电交易电量为 39.7 亿 kWh，成交均价为 0.550 元/kWh（含电能量均价为 0.530 6 元/kWh，环境溢价均价为 0.019 4 元/kWh）；其中，年度双边协商成交（含年内多月）电量为 30.0 亿 kWh，电能量均价为 0.532 元/kWh，环境溢价为 0.019 9 元/kWh；月度双边协商成交电量为 9.7 亿 kWh，电能量均价为 0.523 2 元/kWh，环境溢价为 0.017 7 元/kWh。

（8）新型储能参与交易价格。2023 年，广东储能参与现货日前市场累计充电电量为 1212.4 万 kWh，放电电量为 1050.8 万 kWh，平均充放电价差为（放电－充电）0.155 元/kWh；储能参与现货实时市场累计充电电量为 1455.7 万 kWh，放电电量为 1341.8 万 kWh，平均充放电价差（放电－充电）为 0.177 元/kWh。

2. 云南电力市场

（1）整体价格情况。2023 年，云南全年清洁能源市场平均成交价为 0.216 74 元/kWh，同比 2022 年下降 6.42 厘，2022—2023 年云南电力市场化交易成交电价如图 3-10 所示。

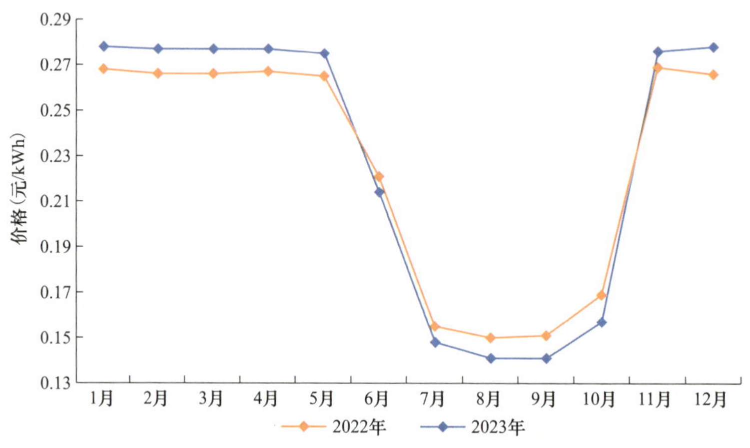

图 3-10 2022—2023 年云南电力市场化交易成交电价

（2）分品种市场价格。2023 年，云南清洁能源双边交易平均成交价格为 0.216 66 元/kWh，清洁能源集中竞价平均成交价格为 0.206 98 元/kWh，连续挂牌交易平均成交价格为 0.169 61 元/kWh，燃煤发电市场交易褐煤、烟煤无烟煤

平均成交价分别为 0.350 69、0.406 92 元/kWh，清洁能源日前交易平均成交价为 0.222 34 元/kWh。2023 年云南电力市场不同品种交易价格如图 3-11 所示。

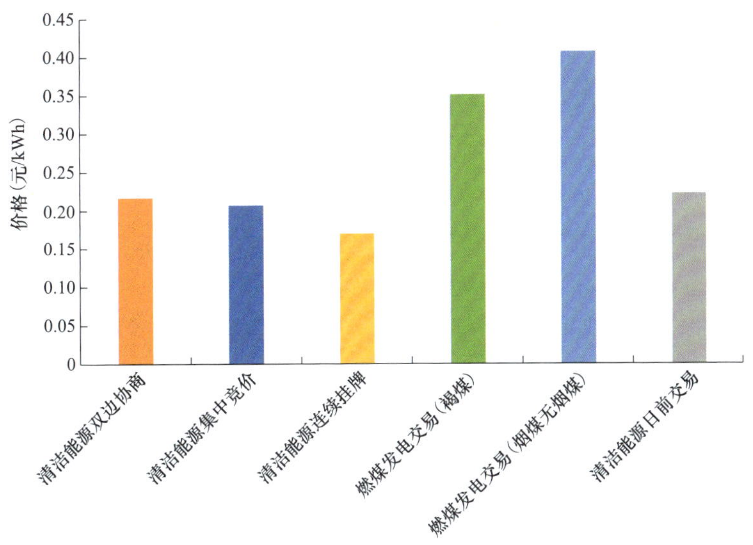

图 3-11　2023 年云南电力市场不同交易品种交易价格

（3）分月市场价格。2023 年，云南组织清洁能源双边协商交易、清洁能源集中交易（分集中竞价、连续挂牌两个阶段）、清洁能源日前电量交易、燃煤发电市场直接交易、电网代理购电交易、事前合约转让交易、偏差电量交易等，分月电价走势呈现较为明显的季节波动性，2023 年云南部分交易品种分月市场价格如图 3-12 所示。

3. 四川电力市场

（1）省间市场化交易价格。四川省间市场化交易以中长期交易为主，同时根据情况开展现货、应急交易。2023 年，中长期送出均价、现货送出均价、应急电外送均价、川渝调峰辅助服务外送均价分别为 0.288 3、0.255 4、0.481 4、0.209 3 元/kWh。

（2）水电直接交易价格。2023 年，四川省内水电企业参与市场化交易结算均价为 0.225 50 元/kWh，四川水电企业在不同水期、分品种平均价格情况如图 3-13 所示。

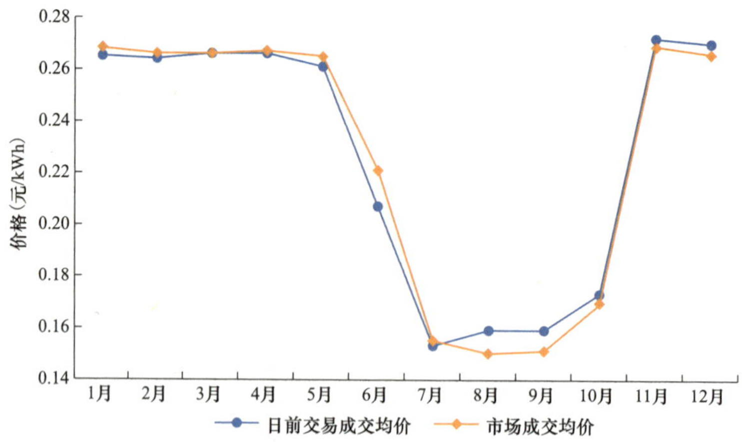

图 3-12　2023 年云南部分交易品种分月市场价格

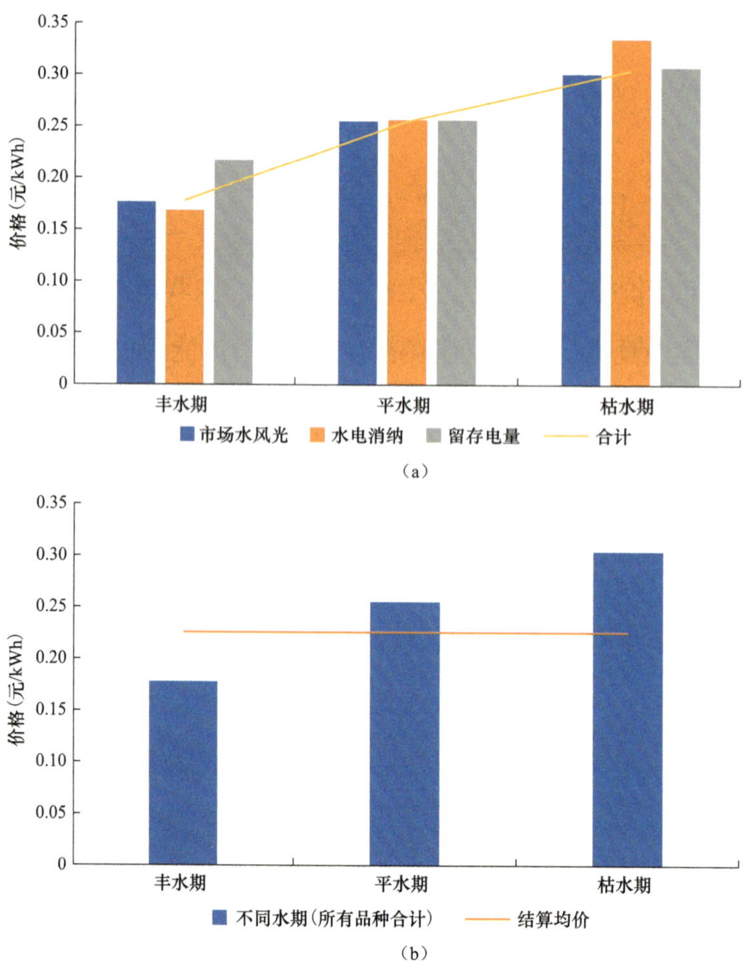

图 3-13　2023 年四川水电企业参与省内市场直接交易价格情况

（a）不同水期（分品种）；（b）不同水期（所有品种合计）

（3）风光直接交易价格。2023 年，四川风电、光伏发电企业参与市场化交易结算均价为 0.349 41 元/kWh，四川风电、光伏发电企业在不同水期的平均价格情况如图 3-14 所示。

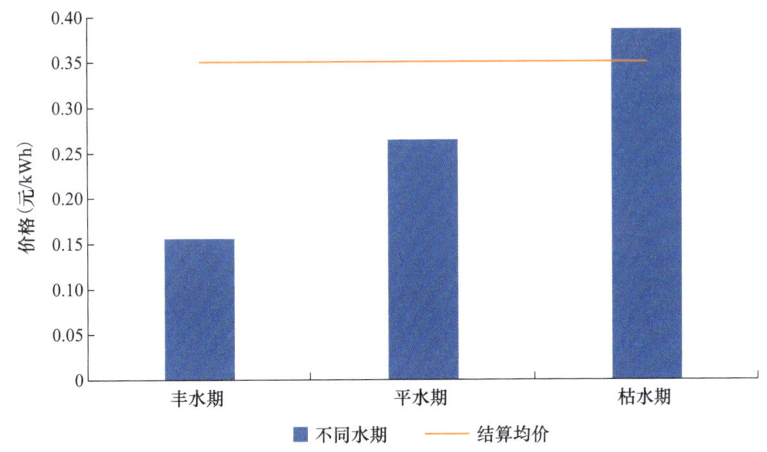

图 3-14　2023 年四川风电、光伏企业参与省内市场直接交易价格情况

3.3　发展趋势

（1）全国统一电力市场体系稳步推进，电力市场基础规则制度体系得到进一步完善。随着全国统一电力市场建设加速推进，更多市场壁垒将被破除，统一的基础制度规则将加快建立，市场竞争环境持续优化，实现更多资源要素将在更大范围内畅通流动。

（2）适应高比例新能源接入的调节激励机制将逐步完善。随着高比例新能源接入，系统调节性需求显著提高，灵活性资源价值亟待合理体现。支撑性电源的调节价值将得到有效体现，辅助服务费用等系统调节成本将得到合理疏导；需求响应机制得到进一步完善，逐步解放用户侧调节资源，充分发挥可调负荷、电动汽车、虚拟电厂等各类资源的调节性能。

第 4 章

电力现货交易试点情况

4.1　第一批现货交易试点情况

2023 年，首批 8 个现货试点地区市场建设加速推进，广东、山西电力现货市场于 2023 年末转入正式运行，山东、蒙西、甘肃、四川、福建等进入连续不间断结算试运行或长周期结算试运行阶段。

4.1.1　南方（以广东起步）

（1）基本情况。截至 2023 年底，广东省统调装机容量达到 1.93 亿 kW，同比增长 12.7%，其中，火电占比为 58.1%，新能源占比为 23.4%。2023 年，广东省全社会用电量为 8502 亿 kWh，同比增长 8.0%，是全国首个电量突破 8000 亿 kWh 的省份，最高统调负荷达 1.45 亿 kW。

（2）市场规则动向。2023 年以来，广东相继印发《南方（以广东起步）电力现货市场建设实施方案（试行）》《广东省新型储能参与电力市场交易实施方案》《广东省独立储能参与电能量市场交易细则（试行）》《广东省可再生能源交易规则（试行）》《广东电力市场低压工商业用户参与市场化交易试点实施方案》等文件，不断完善现货市场建设，推动新能源、独立储能参与现货市场。

2023 年 3 月 30 日，广东省发展改革委、国家能源局南方监管局印发《广东省新型储能参与电力市场交易实施方案》（粤发改能源〔2023〕304 号），明确了独立储能（电网侧储能）交易方式、电源侧储能交易方式、用户侧储能交易方式、职责分工以及组织实施等内容。明确独立储能可参与中长期、现货、辅助服务市场交易，其中以全电量参与现货市场出清，充放电价格均采用所在节点的分时电价；电源侧储能联合发电机组，按照广东电能量市场规则参与电能量交易，其中现货市场以报量报价的方式参与交易。用户侧储能联合电力用户，按照广东电能量市场规则参与批发（中长期、现货）或零售电能量交易，此外用户侧储能联合电力用户还可以参与日前邀约需求响应等交易。

2023 年 9 月 21 日，广东电力交易中心发布《广东省独立储能参与电能量市场交易细则（试行）》（广东交易〔2023〕177 号），进一步细化独立储能市场参与机制。其中，直接接入公用电网的新型储能项目，满足额定功率在 5MW 及以上，额定功率下可持续充电、放电时间均不低于 1h、具备独立分时正反向计量条件等准入条件后，可作为独立主体参与电能量市场交易。在现货市场，独立储能可按照“报量报价”或“报量不报价”的方式参与现货电能量交易。2023 年，已有 1 家独立储能参与广东电力现货市场交易出清。

2023 年 10 月 7 日，广东电力交易中心发布《广东电力市场低压工商业用户参与市场化交易试点实施方案》（广东交易〔2023〕189 号），提出建立健全低压工商业用户参与电能量市场交易机制，探索完善低压用户现货交易结算相关规则。方案明确日电量分解原则，按行业类型确定不同的典型用电曲线，由电网企业通过分时电量样本采集、行业用电分析调查等方式，设定各行业类型计量点在工作日、周六、周日、法定节假日、调休节假日典型用电曲线，电力用户以计量点为单位进行日电量分解。

2023 年 10 月 23 日，广东省发展改革委、国家能源局南方监管局关于印发《南方（以广东起步）电力现货市场建设实施方案（试行）》（粤发改能源〔2023〕304 号），明确南方（以广东起步）电力现货市场的总体要求、建设目标、市场建设内容、市场运行管理、职责分工等内容，明确七项配套关键机制，包括发电侧变动成本补偿、峰谷平衡机制、系统运行补偿、容量补偿机制、发电成本测算、价格传导机制以及市场管控机制。

2023 年 11 月 22 日，广东电力交易中心印发《广东省可再生能源交易规则（试行）》（广东交易〔2023〕228 号），其中提出，可再生能源交易包括绿色电力交易、可再生能源消纳量交易、绿色电力证书交易等，并同步明确了可再生能源的市场交易方式与价格机制，并明确了相关主体在现货市场环境下的结算方法。

（3）市场运行情况。2023 年，南方（以广东起步）电力现货市场不间断开展结算运行，截至 2023 年底已持续结算运行超过 2 年，并在履行有关程序后，于 2023 年 12 月 28 日转入正式运行。

现货市场申报方面。2023 年，共有 246 台机组、176 家售电公司和 4 家大用户和 1 家独立储能企业参与日前市场申报，现货市场平均报价为 0.530 元/kWh，其中，煤机平均报价为 0.487 元/kWh，气机平均报价为 0.726 元/kWh。

现货市场出清方面，2023 年，现货偏差电量为 283.3 亿 kWh，占市场直接购电用户总量的 9.1%。发电侧日前总成交电量为 4252.2 亿 kWh，日前市场加权均价为 0.438 元/kWh，实时市场加权均价为 0.453 元/kWh，每日的现货实时最高均价为 0.760 元/kWh，最低均价为 0.150 元/kWh。从价格水平分布来看，日前和实时价格主要集中在 0.200～0.700 元/kWh。

新能源参与现货市场方面。2023 年共有 4 家新能源发电企业参与现货交易，平均申报电价为 0.001 7 元/kWh。日前总成交电量为 20.6 亿 kWh，交易均价为 0.415 元/kWh；实时总成交电量为 21.8 亿 kWh，交易均价为 0.403 元/kWh。

新型储能参与现货市场方面。储能参与现货日前市场累计充电电量为 1212.4 万 kWh，放电电量为 1050.9 万 kWh，平均充放电价差（放电－充电）为 0.155 元/kWh；储能参与现货实时市场累计充电电量为 1455.7 万 kWh，放电电量为 1341.8 万 kWh，平均充放电价差（放电－充电）为 0.177 元/kWh。

市场结算方面。2023 年市场直接交易用户累计结算市场电量 3141.4 亿 kWh，其中，中长期电量为 2826.8 亿 kWh，现货偏差电量为 283.3 亿 kWh。发电侧市场机组（含参与现货的可再生能源、储能）总上网电量为 4964.9 亿 kWh，总电费为 2803.6 亿元，总电量均价为 0.564 7 元/kWh，现货偏差电量占比为 5.7%，现货偏差电量电费占比 5.9%，现货偏差均价为 0.586 8 元/kWh。用电侧总用电量为 3110.1 亿 kWh（不含绿电交易），用电侧总电费为 1672.1 亿元，总结算均价为 0.537 6 元/kWh，现货偏差电量占比为 9.1%，现货偏差电量电费占比为 7.2%，现货偏差电量均价为 0.423 5 元/kWh。

4.1.2　蒙西

（1）基本情况。截至 2023 年底，蒙西电网统调装机容量达 1.003 6 亿 kW，其中，火电装机为 5153 万 kW，占比为 51.36%；风电装机为 2825 万 kW，占比为28.15%；水电装机为209万kW，占比为2.08%；光伏装机为1638万kW，占比为16.32%；新型储能装机为209万kW，占比为2.08%。

（2）市场规则动向。2023年5月24日，内蒙古电力交易中心有限公司发布《内蒙古电力多边交易市场2023年中长期交易优化实施细则》，确保中长期交易与生产实际紧密结合，完善偏差调节机制，实现电力中长期与现货交易有效衔接。针对新能源，设计了新能源比例动态调整机制，即是按照新能源月度申报发电能量、新能源近3年同月上网发电情况、装机增长情况，结合用户侧交易电量规模预测，以新能源中长期合同签约率最大化为目标，动态调整各月月度用户侧新能源交易比例上限。针对交易曲线，细则进一步对燃煤、新能源电厂的曲线与发电能量的关系进行了要求。

（3）市场运行情况。2023年，蒙西电力现货市场实现不间断连续结算试运行超过1年。约为7209万kW电源参与现货市场，市场化率93.8%；实现工商业、居民农业、电网代理购电、外送电在内的全部用户参与现货结算；采用用户侧分区价格机制及"现货全电量结算＋中长期差价结算"模式，最大程度发挥市场优化资源配置的决定性作用。试运行以来，现货价格信号明显，峰谷价差充分拉开，燃煤机组发电能力较去年同期平均增加约为230万kW，涨幅8.7%，最多增加超过600万kW，涨幅近30%；主动释放深调能力最大约为230万kW，负荷率最低降至46%，累计增加新能源消纳电量超过17.5亿kWh。一年来，系统调节能力上涨超过260万kW，涨幅近20%。

4.1.3 浙江

（1）基本情况。截至2023年底，浙江省发电总装机容量为13 077万kW，其中，光伏装机为3357万kW，风电装机为584万kW，风光等新能源装机占浙江省发电总装机比例超三成；2023年，浙江省发电量约为4353亿kWh，其中，火力、水力、核能、风力及太阳能发电量分别为3192.3亿、150.4亿、762.2亿、106.4亿、141.81亿kWh；2023年浙江省全社会用电量达到6192亿kWh，外来电受入比例高，是典型的受端电网。

（2）市场规则动向。2023 年 1 月 31 日，国家能源局浙江监管办公室公布《关于浙江省第三方独立主体参与电力辅助服务有关事项的通知》（浙监能市场〔2023〕1 号），明确第三方独立主体参与电力辅助服务结算试运行转入常态化运行。储能、虚拟电厂、负荷聚合商及电力用户等第三方独立主体按“独立辅助服务提供者”注册，申报品种包括旋转备用、削峰调峰、填谷调峰等。

2023 年 4 月 19 日，国家能源局浙江监管办公室印发《浙江电力调度交易机构市场运营监管指引（试行）》（浙监能市场〔2023〕5 号），对交易机构在市场注册管理、注册服务流程、服务规范、要件清单、审验标准等方面提出了要求。

（3）市场运行情况。浙江电力现货市场于 2019 年 5 月 30 日启动模拟试运行仪式，正式进入试运行阶段。截至 2023 年 6 月，分别于 2019 年 9 月、2020 年 5 月、2020 年 7 月、2021 年 3 月、2021 年 12 月开展 5 次正式结算试运行，出清电量分别为 3.41 亿、4.76 亿、19.88 亿、68.0 亿、23.91 亿 kWh，实时平均出清价分别为 0.266 95、0.373 19、0.187 3、0.396 9、0.549 61 元/kWh。

4.1.4　山西

（1）基本情况。截至 2023 年底，山西省调口径总装机容量为 10 149 万 kW，常规火电装机为 4997 万 kW，占比为 49.23%；水电装机为 87 万 kW，占比为 0.87%；抽水蓄能装机为 120 万 kW，占比为 1.18%；风电装机为 2410 万 kW，占比为 23.75%；光伏装机为 2250 万 kW，占比为 22.17%；煤层气装机为 27 万 kW，占比为 0.26%；燃气装机为 213 万 kW，占比为 2.10%；高炉尾气装机容量为 45 万 kW，占比为 0.44%。作为全国重要电力外送基地，2023 年山西外送电省份扩至 23 个，山西省净外送电量为 1576 亿 kWh，比上年增长 7.7%，占山西省发电量的比重为 35.3%。

（2）市场规则动向。山西现货市场坚持市场整体设计协同推进，在边试边改中完善迭代规则体系，市场规则版本不断更新，2023 年已更新至 13.0 版本—《山西省电力市场规则汇编（试运行 V13.0）》。

2023 年 3 月 28 日，山西能源局正式发布新版《山西省电力市场规则汇编（试运行 V13.0）》，自 2023 年 4 月 1 日起执行。在新版规则宣贯会上，山西明确“将日前用户侧申报曲线纳入日前市场出清”，形成真正意义上的日前双边市场。此外，在市场主体参与市场方面，新版规则允许新能源场站按年度自主选择以“报量报价”方式参与现货市场，抽蓄电站以“报量不报价”和调度机构“按需调用”相结合的方式参与现货市场，独立储能可以按月自主选择以“报量报价”或“报量不报价”的方式参与现货市场。

（3）市场运行情况。2023 年，山西省全省累计成交电量为 1779.27 亿 kWh，成交电量均价为 0.359 6 元/kWh，其中，火电成交电量 1604 亿 kWh，均价为 0.359 85 元/kWh；风电成交电量为 149.89 亿 kWh，均价为 0.365 53 元/kWh；光伏成交电量为 25.38 亿 kWh，均价为 0.311 04 元/kWh。自 2018 年 12 月 27 日试运行以来，山西先后经过 7 次结算试运行，实现 32 个月长周期不间断连续运行，于 2023 年 12 月 22 日率先转入正式运行。通过现货价格信号引导发电企业顶峰保供、用户削峰填谷。2023 年，山西大容量 60 万 kW 及以上机组平均利用小时高于全省平均约为 777h。

4.1.5 山东

（1）基本情况。2023 年，山东省全省发电总装机为 21 152.0 万 kW，其中，火电装机为 11 797.7 万 kW，占全部发电总装机的 55.80%；风电装机为 2590.11 万 kW，太阳能装机为 5692.5 万 kW（集中式光伏装机为 1168.14 万 kW，分布式光伏装机为 3101.74 万 kW），水电装机为 407.4 万 kW，核电装机为 265 万 kW。储能装机为 398.3 万 kW。

（2）市场规则动向。2023 年 2 月 22 日，山东能源监管办发布《关于 2023 年山东省电力现货市场结算试运行工作有关事项的通知》（鲁监能市场〔2023〕16 号），明确新能源与配建储能联合主体参与现货交易。新能源场站申报的配建储能充放电曲线在满足电网安全运行和新能源优先消纳的条件下优先出清，新能源与其配建储能作为一个联合主体结算。

2023 年 3 月 13 日，山东省发展改革委印发《关于山东电力现货市场价格上下限规制有关事项的通知（征求意见稿）》，拟对山东电力现货市场中的市场申报价格上下限和市场出清价格上下限进行重新设置。对市场电能量申报设置价格上限和下限，其中上限为 1.30 元/kWh，下限为－0.08 元/kWh。对市场电能量出清设置价格上限和下限，其中上限为 1.5 元/kWh，下限为－0.1 元/kWh。

2023 年 3 月 14 日，山东省发展改革委印发《山东省电力市场体系建设工作分工方案》（鲁发改经体〔2023〕174 号）。方案明确，到 2025 年，山东省将初步形成有利于新能源、储能等发展的市场交易和价格机制。到 2030 年，结合全国统一电力市场体系建设情况，实现山东省电力市场与全国统一电力市场、区域市场融合运行。

2023 年 11 月 9 日，山东省发展和改革委员会、山东省能源局等发布《支持新型储能健康有序发展若干政策措施》（鲁发改能源〔2023〕877 号），鼓励电源侧储能、电网侧储能、用户侧储能的市场参与电力市场交易，逐步开展爬坡、备用、转动惯量等辅助服务交易，支持独立储能在电能量市场之外获得更多收益途径，完善容量电价、上网电价、分时电价等价格机制，提高新型储能经济性和盈利能力，更好引导新型储能健康有序发展。

（3）市场运行情况。山东电力现货市场于 2021 年 12 月 1 日进入长周期结算试运行，至今已实现两年多的不间断试运行，市场发现价格作用明显。2023 年度，山东省现货市场发电侧日前出清电量 2999.8 亿 kWh，用电侧日前出清电量为 3818.07 亿 kWh，日前出清均价为 0.348 92 元/kWh，发电侧实时出清电量为 2999.4 亿 kWh，实时出清均价为 0.351 93 元/kWh。2023 年 5 月期间，受“五一”期间高负荷工业用户放假停产、晴朗大风天气等因素影响，山东省用电需求趋于下降、叠加日间时段光伏等新能源大发因素，5 月 1 日 20 时至 5 月 2 日 17 时，山东连续超 20h 出现实时现货出清电价为负的情况，期间最低价格出现在 5 月 2 日 17 时，达到－0.085 元/kWh（山东省现货市场电能量出清价格上限设置为－0.1 元/kWh），刷新了国内电力现货市场负电价持续时间记录，引起广泛关注；2023 年“十一”假期期间，山东现货交易再次出现负电价，以 9 月 30 日的日前、实时市场情况为例，分别出现 7h 和 5h 的负电价，价格最低达到下限－80 元/MWh。

4.1.6 福建

（1）基本情况。截至 2023 年底，福建省发电装机容量达 8141 万 kW，其中，清洁能源装机、发电量占比分别达 63%、52.9%。全年全社会发电量为 3272.94 亿 kWh，比上年增长 6.5%；全社会用电量为 3089.58 亿 kWh，同比增长 6.6%。

福建电力现货市场建设分为两个阶段，第一阶段采用“发电侧中长期合约电量优先安排＋部分基数电量竞价出清”的单边市场模式，并于 2022 年开始建设以扩大发电侧竞价空间和引入用户侧参与市场竞争为重点的第二阶段现货市场模式。截至 2023 年末，福建已开展第二阶段市场运行，采用“电能量市场＋辅助服务市场”的架构，电能量市场包括中长期电能量市场和现货电能量市场，现货电能量市场包括日前现货电能量市场和实时电能量市场，采用集中竞价、边际出清方式形成交易价格。

（2）市场规则动向。2023 年，福建省相继编制印发《福建电力市场运营基本规则（试行）》《2024 年福建省电力中长期市场交易方案》等文件，着手启动现货市场建设第二阶段的相关工作，并为未来开展更长周期结算试运行做好准备。

2023 年 1 月 17 日，福建省发展和改革委员会、福建能监办印发《福建电力市场运营基本规则（试行）》（闽监能市场规〔2023〕2 号），基本规则共十六章九十四条，主要包含总则、市场框架、市场成员、市场准入和退出、中长期市场、现货市场、辅助服务市场、发电容量成本回收机制、电力零售市场、市场计量、市场结算、信息披露、市场干预、市场争议处理、信用管理、附则等章节内容，明确了市场建设的总体框架。

2023 年 12 月 21 日，福建省发展和改革委员会等印发《2024 年福建省电

力中长期市场交易方案》（闽发改规〔2023〕10 号），进一步明确 2024 年度市场参与主体的范围及交易电量规模，并强调优化中长期分时段交易机制，推动中长期市场按工作日连续运营，实现电力中长期市场与现货市场有序衔接，为长周期开展现货结算试运行奠定基础。

（3）市场运行情况。2023 年，福建持续开展现货市场模拟不调电、调电不结算试运行，并于 3 月实现第二阶段现货市场运行，市场组织、规则体系、配套装置和机制得到了持续改进和完善，发用电两侧经营主体的市场意识和交易水平不断成熟。12 月 7—21 日，福建电力现货市场开展为期两周的首次长周期双边结算试运行，结算试运行期间福建全省所有统调发电企业参与市场出清，其中有 69 台燃煤机组、2 家独立储能、52 家批发用户、55 家售电公司参与市场结算，未直接参与市场的工商业用户由电网企业代理购电参与。

2023 年全年，福建现货市场总结算电量为 10.8 亿 kWh，同比减少 19.9%，结算电量均价为 0.474 0 元/kWh。其中，第一阶段现货市场总结算电量为 9.24 亿 kWh，结算电量均价为 0.479 0 元/kWh。第二阶段现货市场总结算电量为 1.54 亿 kWh，结算电量均价 0.468 9 元/kWh。

4.1.7　四川

（1）基本情况。四川省电源结构以水电为主，截至 2023 年底，四川省调直调机组总装机容量为 6908.22 万 kW，其中，水电装机为 4456.99 万 kW，占比为 64.52%；火电装机为 1359.75 万 kW，占比为 19.68%；风电装机为 701.95 万 kW，占比为 10.16%；光伏装机为 260.16 万 kW，占比为 3.77%；生物质能装机为 129.37 万 kW，占比为 1.87%。2023 年度，四川调度口径发电量为 4861 亿 kWh，最大用电负荷 6107 万 kW。

（2）市场规则动向。2023 年 1 月 5 日，四川电力交易中心印发《2023 年四川电力市场结算细则》（川电交〔2023〕01 号），主要对四川省超发电量结算价格以及风电、光伏企业结算模式进行了调整。其中，根据政府主管部门下发的优先计划安排，风电、光伏（扶贫、竞价光伏除外）枯水期和 11 月全部为市场化电量结算，丰水期和 5 月优先电量以外的上网电量按市场化结算。

（3）市场运行情况。2023 年 1—6 月、11—12 月，四川开展火电竞价现货长周期结算试运行，合计上网电量为 505.61 亿 kWh，总结算电费 252.82 亿元，度电均价为 0.500 03 元/kWh，其中，现货市场交易电量为 69.47 亿 kWh，现货均价为 0.615 49 元/kWh。

4.1.8 甘肃

（1）基本情况。截至 2023 年底，甘肃省发电装机容量为 8963.46 万 kW，水电装机为 971.82 万 kW，火电装机为 2524.62 万 kW，风电装机为 2614.10 万 kW，太阳能装机为 2539.78 万 kW，储能装机为 313.16 万 kW。2023 年度，甘肃省发电量为 2112.86 亿 kWh，其中，水电发电量为 373.49 亿 kWh，火电发电量为 1054.07 亿 kWh，风电发电量为 436.62 亿 kWh，光伏发电为 248.67 亿 kWh。

（2）市场规则动向。2023 年 1 月 13 日，甘肃工信厅发布关于甘肃电力现货市场 2023 年不间断结算试运行的批复，并印发《甘肃电力现货市场 2023 年结算试运行工作方案》。方案指出，以甘肃省内用电及中长期外送形成的总需求空间作为市场运行边界，发用双侧“报量报价”参与现货市场。申报限价设置、结算限价设置范围均为 40～650 元/MWh。

2023 年 4 月 14 日，甘肃电力交易中心印发《省内直接交易 D+3 日滚动交易管理办法》（甘电交易司〔2023〕22 号），交易频率进一步提升，日滚动交易的交易标的为 D+3 日至月末分时段电量，按照每日 24 个时段组织，将交易标的日 00:00—24:00，每一个小时作为一个时段，每一个时段独立开展交易。日滚动交易市场开展进一步提升中长期市场连续运营水平，为现货电力用户提供更加灵活的中长期曲线调整手段，有利于更好地现货市场衔接。

（3）市场运行情况。甘肃 2023 年开展全年连续结算试运行，现货市场已稳定运行超两年。从各月现货电价情况看，甘肃 2023 年实时市场平均价格水平位于 0.224～0.460 元/kWh。甘肃省河西地区新能源富集，负荷主要集中于河

东区域，在新能源大发期间两个区域之间存在一定程度的通道能力受限问题。

4.2　第二批现货交易试点情况

2023 年以来，第二批六个现货交易试点陆续开展模拟试运行工作。其中，辽宁、江苏、安徽、河南和湖北均开展了结算试运行，上海则开展了调电试运行。

4.2.1　辽宁

（1）基本情况。截至 2023 年底，辽宁省全省全口径发电装机容量为 7261 万 kW，全年新增装机为 666 万 kW。其中，火电装机为 3855.94 万 kW，风电装机为 1428.62 万 kW，太阳能装机为 957.66 万 kW，核电装机为 667.52 万 kW，水电装机为 334.38 万 kW，储能装机为 17.25 万 kW。2023 年全省累计发电量为 2258.14 亿 kWh，同比增长 5.11%，全社会用电量为 2662.93 亿 kWh，同比增长 4.40%。

（2）试运行情况。2023 年度，辽宁省共开展两次结算试运行工作，现货市场运行时间累计 33 天。1 月 5—7 日，辽宁电力现货市场完成第一次结算试运行工作，本次结算试运行辽宁电网风光火核各类型电源及全部市场化用户共同参与，出清价格波动与负荷变化趋势基本一致且符合预期。9 月 11 日，辽宁省开启首次长周期结算试运行工作，试运行为期 30 天，试运行期间电力现货市场分时价格能够准确地反映电力供需形势，激励发电企业主动提升调峰和顶峰能力，有力提升电力供应保障能力。此外，本次结算试运行首次实现了省内调峰与现货市场融合，跨省调峰日均支援电量为 3200 万 kWh，最大支援电力达到 412 万 kW，助力北部东北区域新能源全额消纳。

4.2.2　江苏

（1）基本情况。截至 2023 年底，江苏省全省装机容量为 17 965.79 万 kW，其中，统调电厂装机为 13 728.37 万 kW，非统调电厂装机为 4237.42 万 kW；

2023 年总发电量为 6272.54 亿 kWh，其中，统调电厂约为 5620.63 亿 kWh，非统调电厂累计为 651.90 亿 kWh；全社会用电量为 7832.96 亿 kWh，同比增长 5.86%。全年调度用电最高负荷 13 127.60 万 kW，同比增长 3.47%。

（2）试运行情况。2023 年 11 月 15 日起，江苏省开展现货市场第四次长周期结算试运行，现货市场运行时间持续一个月。本次试运行，发电侧市场主体报量报价参与日前市场，采用日前封存量价信息参与实时市场。用户侧市场主体不报量不报价，参与实时市场结算。此外，本次结算试运行江苏针对性设计了限价机制，以实现充分反映市场供需价值并有力保障了市场价格的稳定。一方面对申报、结算价格进行了限制，其中，结算价格设置为燃煤机组发电基准价上下浮动 100%（0～782 元/kWh）。另一方面增加二级结算限制设置机制，采用低价滚动替换高价的“极值替换”机制，确保单日 96 点结算均价在二级结算限值内。具体即当日日前或实时分区价格全天 96 点算术平均值超过或小于燃煤基准价的一定浮动比例后（40%），采用排序第二极值代替排序第一极值滚动重新计算市场均价，直至满足要求。

4.2.3 安徽

（1）基本情况。截至 2023 年底，安徽省全社会装机容量为 10 817.26 万 kW，其中，水电装机为 623.63 万 kW、火电装机为 6070.92 万 kW、风电装机为 721.94 万 kW、太阳能装机为 3223.07 万 kW、新型储能装机为 177.71 万 kW。安徽省全年全社会发电量累计为 3521.83 亿 kWh，同比增长 7.70%，全社会用电量累计为 3214.12 亿 kWh，同比增长 7.38%。

（2）试运行情况。2023 年度，安徽省先后发布 3 版《安徽电力现货市场运营基本规则》、5 个配套细则和结算试运行工作方案，开展覆盖多日到整月的结算试运行 4 次，结算周期不断拉长。其中，11 月开展整月结算试运行，此外为保障长周期试结算工作顺利开展，安徽省优化绿电与现货衔接机制，将绿电市场化交易合同发、用两侧解耦结算，并将电能量部分与绿色环境权益价值部分分开结算，其中电能量部分暂视为一般中长期合约，参照常规火

电机组进行结算。绿电市场化交易月度合同电量须平均分解到日，并按照典型曲线分解至 96 时段。

4.2.4　河南

（1）基本情况。截至 2023 年底，河南省全省装机容量为 13 846.13 万 kW，同比装机增长 1956.06 万 kW。其中，水电装机为 534.90 万 kW，火电装机为 7401.96 万 kW，风电装机为 2177.92 万 kW，太阳能装机为 3731.36 万 kW，占比为 26.95%。全年累计发电量 3432.73 亿 kWh，同比增长 3.11%。全年全社会用电量累计用电量为 4089.53 亿 kWh，同比增长 4.64%。

（2）试运行情况。2023 年，河南电力现货市场建设工作持续开展，2023 年 11 月，河南省组织了周现货市场试运行，从 7 天均价来看，凌晨时段现货电价在 0.220～0.350 元/kWh，略高于河南省中长期交易电价；早高峰时段现货电价在 0.400～0.520 元/kWh；中午时段受光伏出力影响现货电价大幅滑落，均价约为 0.200 元/kWh，远低于中长期交易价格；晚高峰时段现货电价平均约为 0.600 元/kWh，略低于中长期交易价格。

4.2.5　上海

（1）基本情况。截至 2023 年底，上海发电机装机总容量为 2953.73 万 kW，其中，火电装机为 2557.33 万 kW，风电装机为 106.97 万 kW，太阳能装机为 289.43 万 kW。2023 年度，上海全年用电量达 1849 亿 kWh，同比增长 5.9%。其中，本市发电量 1015 亿 kWh，同比增长 5.4%，占全年用电量 54.9%；市外来电量为 834 亿 kWh，同比增长 6.6%，占全年用电量 45.1%。电力方面，受总体“凉夏”影响，上海电网最高用电负荷达 3675 万 kW，同比 2022 年 3807 万 kW 下降 3.5%；冬季受持续强寒潮影响，最高用电负荷达 3499 万 kW，创冬季历史新高，较 2021 年 3339 万 kW 增长 4.8%。最高发电出力达 2233 万 kW，创历史新高，同比增长 4.5%；最高受电为 1812 万 kW，同比降低 1.9%；上海电网最大峰谷差为 1529 万 kW，同比降低 5.4%。

（2）试运行情况。截至2023年10月，上海电力现货市场已经历五次模拟及调电试运行工作，正在准备结算试运行相关工作。2023年2、5月上海开展两次调电试运行，调电周期逐步加长，第二次调电试运行期间日均成交电量总体稳定。

4.2.6 湖北

（1）基本情况。截至2023年12月底，湖北省发电总装机容量为11 114.65万kW（含三峡电站），新能源装机容量达到3323.77万kW，占总装机容量近三成。其中，风、光新能源装机占比从2022年底的22.19%提升至29.90%，风电、光伏占比分别为7.52%、22.38%。湖北省发电总装机容量增加1677.68万kW、同比增长17.78%，其中，风、光新能源装机全年新增装机为1229.91万kW，是水电、火电新增装机的2.75倍。2023年，湖北省全社会用电量累计2706.43亿kWh，同比增长2.21%。湖北省累计发电量为3195.79亿kWh，同比增长2.90%。

（2）试运行情况。2023年9—11月，湖北省开展为期3个月的电力现货市场结算试运行，其中9月11—20日、10月17—31日、11月11—20日为现货试结算期，共计35天开展了实际结算，对62台统调燃煤机组、325个新能源站场、34家批发用户和35家售电公司出具了现货市场日清分结算单。

试运行期间，现货市场累计出清成交电量为306.15亿kWh，成交均价为0.238元/kWh，其中，发电侧现货结算偏差电量为4.55亿kWh，占上网电量比例3.86%。火电现货结算电量减少9.73亿kWh，风电、光伏现货结算电量分别增加6.39亿、7.9亿kWh。用电侧现货结算偏差电量为1.18亿kWh，占用电量比例为1.24%。

4.3 区域/省间电力现货交易情况

2023年，跨省区电力现货交易取得积极进展，南方区域电力市场实现首次

现货结算试运行，国网经营区域省间现货电量进一步增加，市场交易进一步活跃，电力资源在更大范围内实现优化配置，改革红利不断释放。

4.3.1　南方区域电力现货市场

（1）基本情况。南方区域电力现货市场是我国首个开展全域结算试运行的区域级电力现货市场，涵盖了广东、广西、云南、贵州、海南五省（区）。目前，南方区域电力现货市场跨省现货交易与省（区）现货交易采用“联合出清、协同运作”框架，初期采用“发电侧报量报价、用户侧报量不报价”模式开展现货交易。价格机制方面，采用分时节点电价作为现货市场价格，分时节点电价取每 24h 内的各出清时段节点电价的算术平均值，参与现货市场优化机组按照上网节点对应分时价格执行，用户侧价格按省（区）内用户侧统一价格确定，跨区跨省受电定价、跨区跨省送电定价由送、受电关口价格计算确定。

2023 年 10 月 24 日，国家能源局南方监管局印发《关于南方区域电力市场短周期结算试运行市场监管有关事项的通知》（南方监能市场〔2023〕114 号），正式审定印发南方区域电力市场交易规则体系 V2.0 版，包括《南方区域电力市场运营规则》《南方区域电力市场中长期电能量交易实施细则》《南方区域电力市场现货电能量交易实施细则》《南方区域电力市场现货结算实施细则》《南方区域电力市场信息披露实施细则》，上述规则体系 V2.0 版初步构建了南方区域电力市场“1+*N*+5X”交易规则体系，为南方区域电力市场 2023 年结算试运行提供了制度支撑。

（2）运行情况。截至 2023 年 12 月，南方电网区域电力市场已连续稳定试运行 18 个月，市场建设不断推进，市场试运行由仅开展日前市场扩展到日前市场+实时市场，试运行周期由两天扩展到一周。2023 年度累计组织开展 5 次调电试运行，其中包括 2 次结算试运行。10 月 25—29 日，开展覆盖广东、贵州和海南三省的现货结算试运行；12 月 13—16 日试运行期间，选取 15、16 日两日开展了覆盖南方五省（区）的全域结算试运行，这是我国首次实现全区域电力现货市场结算试运行。

南方电网区域电力市场试运行期间有效发现了电力时空价值。从时间上看，出清价格有效反映电力供需变化情况，价格基本与电力供需走势一致。3 月电力供应较为紧张，市场出清价格较高；6 月开始进入汛期，区域电力市场供应增加，市场价格开始回落，受来水大幅增加影响，8 月现货试运行价格进一步下降；10 月起，电力供需逐步紧张，两次结算试运行期间价格相对有所上涨。

4.3.2 省间电力现货交易

2023 年度，省间电力现货市场连续开展。26 个省参与了省间购电，省间现货成交电量为 308 亿 kWh，同比增长 9.6%；受限价规则影响，市场成交价格较 2022 年有所下降，现货月度均价为 0.387 04 元/kWh。从各省交易情况上看，华东地区为主要买方，其中浙江购入量位居全国第一。华中地区河南、湖北售出量大幅增加，有力保障其他地区电力供应。西南地区四川售出、购入量基本持平，其中汛期来临前需要大量购入电量。西北地区如甘肃、宁夏、新疆等，仍以售出为主。华北地区售出量有所增加，其中山西成为售出电量最高省份。东北地区也以售出为主，其中蒙东地区售出大幅增加。

4.4 其他地区电力现货交易情况

2023 年，除试点地区外，江西、河北南网、湖南、重庆、宁夏、陕西、新疆、青海、黑龙江、吉林 10 个地区亦已不同程度开展市场试运行，且有 6 个地区进行了结算试运行。

江西 2023 年共开展 7 次现货市场试运行，其中包括 1 次为期一周的现货结算试运行。在 3、5、8 月等，江西开展现货市场调电试运行，检验了不同场景下的市场运行情况。6 月 14—20 日，江西省电力现货市场在多方支持下顺利完成首次结算试运行，成为全国首个完成结算试运行的非试点地区，开展进度超过部分试点地区。

河北南网电力现货市场建设在非试点地区位列排头，率先开展完整月份结算试运行。2023 年 2 月 21—27 日，河北南网完成了整周模拟试运行，实现新能源报量报价参与现货市场出清。2023 年 7 月 8—17 日，河北南网开展了为期 10 天的电力现货市场长周期调电试运行，机组开机方式、出力水平、电网调频全部以市场化方式开展。2023 年 9 月 13—18 日，河北南网完成电力现货市场首次结算试运行。在经过模拟试运行、调电试运行以及短周期的结算试运行后，2023 年 11 月 13 日起河北南网进一步拉长结算周期，启动月度长周期结算试运行，为后续市场建设进一步奠定基础。

湖南电力现货市场实现首次结算试运行。2023 年湖南电力现货市场开启 3 次调电试运行，确保年底具备结算试运行条件。2023 年 12 月 25—27 日，湖南电力现货市场成功开展首次结算试运行，湖南电力市场建设迈出重要一步。

重庆电力现货市场 2023 年先后经过模拟、调电、结算试运行。2023 年 3 月组织开展模拟试运行。经过提前开展市场化调度生产组织流程测试，以及调度运行模式适应性调整后，2023 年 5 月开展首次调电试运行。2023 年 11 月，重庆电力现货市场完成首次短周期结算试运行，如期完成国家发展改革委的任务要求，达到了预期目标，市内全部在运的 28 台市场化火电机组、63 家售电公司参与了本次结算试运行，未直接参与市场的工商业用户由电网企业代理参与，重庆市内市场主体首次通过现货市场进行电量结算。

宁夏电力现货市场 2023 年同样先后开展模拟、调电、结算试运行。2023 年 4 月 25—28 日，开展了宁夏电力现货市场第二次模拟试运行。2023 年 7、10 月进一步进行开展调电试运行，充分检验系统、规则可靠性、可行性，为开展结算做好准备。12 月 13—15 日，宁夏电力现货市场顺利完成首次结算试运行，达到预期目标，标志着宁夏电力现货市场建设全流程贯通。本次共有 323 家新能源、34 台市场化火电机组、17 家储能、23 家大用户、12 家售电公司参与本次结算试运行，未直接参与市场的工商业用户由电网企业代理购电参与，实现市场化主体的全覆盖。

陕西实现首次电力现货市场结算试运行。2023 年 4、8 月，陕西电力现货市场开展持续 3 天的调电试运行。12 月 7 日，陕西电力现货市场完成首次结算试运行。结算试运行持续 7 天。试运行期间，陕西电力现货市场与调频辅助服务市场联合运行，省内全部 68 台统调燃煤机组、198 家新能源场站、15 家批发大客户、58 家售电公司共 339 家市场主体全程参与现货市场，55 台统调燃煤机组于调频市场出清参与系统调节。

新疆、青海、黑龙江等地电力现货市场加入模拟试运行行列，并成功开展首次调电试运行。新疆方面，2023 年 12 月 23 日成功开展了首次调电试运行，参与的发电主体包括 34 家火电、350 家光伏和 201 家风电企业。青海方面，2023 年 12 月 6 日，青海电力现货市场首次开展调电试运行并取得成功，青海省内 4 家火电厂、252 家光伏电站、86 家风电场和 2 家独立储能电站共计 344 家发电侧企业积极参与。黑龙江方面，2023 年 6 月 30 日开展为期一天的调电试运行工作。

吉林首次开展模拟试运行。2023 年 12 月，吉林开展为期 20 天的长周期模拟试运行，为 2024 年深化现货市场建设奠定基础。

4.5 发展趋势

（1）新能源参与现货市场的交易机制将进一步得到完善。一方面，随着新能源的快速发展，更大规模新能源入市大势所趋，当前部分地区已开始着手探索新能源参与现货交易基本模式、配套机制等；另一方面，新能源对现货市场的影响愈发显著，适应高比例新能源接入的价格形成机制、补偿机制等将可能成为下阶段的关注热点。

（2）新型主体参与现货交易的相关机制将进一步得到健全。2023 年，广东、山西、山东等地已开始关注新型储能、虚拟电厂、负荷聚合商等主体参与现货交易的相关机制设计，预计未来适应新型主体参与的现货市场的机制将进一步完善，市场和价格机制的作用将更好发挥，市场主体的发展活力、竞争活力、创新活力得到持续激活。

第 5 章

绿色电力交易情况

自 2021 年 9 月正式启动试点以来，我国绿电交易政策体系初步建立，绿电交易市场平稳起步，规模持续扩大。2023 年，全国绿色电力（绿证）消费总量为 1059 亿 kWh，同比增长 281.4%。其中，绿电交易电量为 695.3 亿 kWh，同比增长 284.2%，绿证交易 3637 万张，对应电量为 363.7 亿 kWh，同比增长 275%。

5.1 政策动向

2023 年是我国启动绿电交易的第三年，随着全球绿色转型提速，绿电绿证需求逐渐增加。为支持绿电绿证发展，中央和地方政府出台了一系列政策，绿电绿证交易规模持续扩大，市场机制不断完善。绿电绿证相关政策文件如图 5-1 所示。

2023 年 2 月 15 日，国家发展改革委、财政部、国家能源局印发《关于享受中央政府补贴的绿电项目参与绿电交易有关事项的通知》，就进一步完善绿电交易机制和政策，稳妥推进享受国家可再生能源补贴的绿电项目参与绿电交易，更好地实现绿色电力环境价值给出有关要求，扫清了补贴项目参与绿电交易的障碍，发电企业可以在绿电溢价收益和补贴之间二选一。

2023 年 7 月 25 日，国家发展改革委、财政部、国家能源局联合印发《关于做好可再生能源绿色电力证书全覆盖工作 促进可再生能源电力消费的通知》，该文件为未来中国绿证发展的纲领性文件。文件对绿证的核发范围、方式、法律地位等进行了完善补充，进一步明确国内绿证的唯一性、增强国内绿证的流通性、提升国内绿证的权威性，实现绿证对可再生能源电力的全覆盖。在实现绿证核发全覆盖后，我国将成为全球最大的绿证供应市场。

2024 年 1 月 27 日，国家发展改革委、国家统计局、国家能源局联合印发《关于加强绿色电力证书与节能降碳政策衔接 大力促进非化石能源消费的通知》，明确将绿证交易对应电量纳入“十四五”省级人民政府节能目标责任评价考核指标核算，并设置了绿证交易对应电量在节能目标责任评价考核指标核

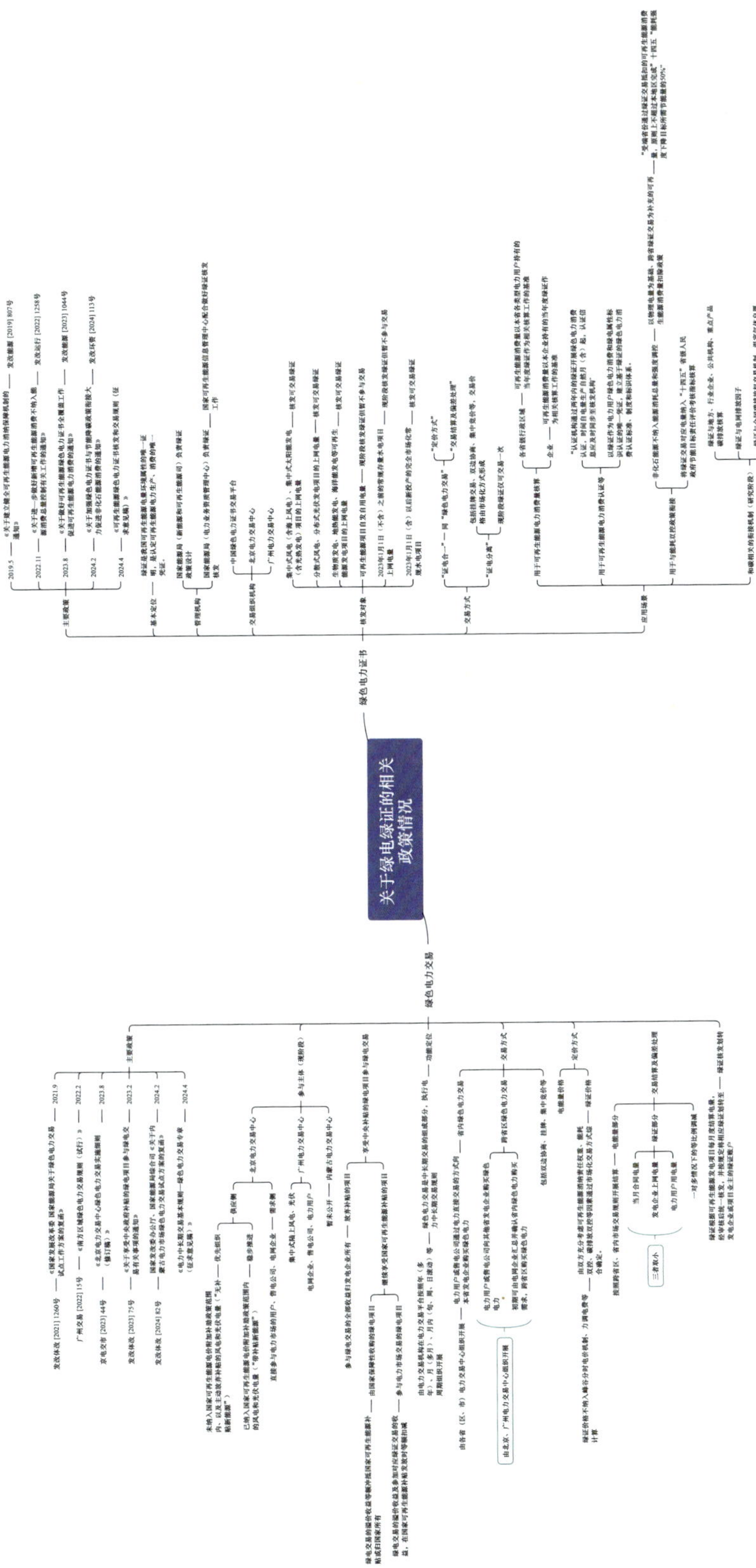

关于绿电绿证的相关政策情况

绿色电力交易
主要政策
2021.9 —— 《国家发展改革委 国家能源局关于绿色电力交易试点工作方案的复函》 —— 发改体改 [2021] 1260号
2022.2 —— 《南方区域绿色电力交易规则（试行）》 —— 广州交易 [2022] 15号
2023.8 —— 《北京电力交易中心绿色电力交易实施细则（修订稿）》 —— 京电交市 [2023] 44号
2023.2 —— 《关于享受中央政府补贴的绿电项目参与绿电交易有关事项的通知》 —— 发改体改 [2023] 75号
2024.2 —— 国家发改委办公厅、国家能源局综合司《关于内蒙古电力市场绿色电力交易试点方案的复函》 —— 发改体改 [2024] 82号
2024.4 —— 《电力中长期交易基本规则—绿色电力交易专章（征求意见稿）》
参与主体（现阶段）
北京电力交易中心
供应侧
优先组织 —— 未纳入国家可再生能源电价附加补助政策范围内、以及主动放弃补贴的风电和光伏电量（“无补贴新能源”）
稳步推进 —— 已纳入国家可再生能源电价附加补助政策范围内的风电和光伏电量（“带补贴新能源”）
需求侧 —— 直接参与电力市场的用户、售电公司、电网企业
广州电力交易中心
集中式陆上风电、光伏
电网企业、售电公司、电力用户
内蒙古电力交易中心 —— 暂未公开
享受中央补贴的绿电项目参与绿电交易
放弃补贴的项目 —— 参与绿电交易的全部收益归发电企业所有
继续享受国家可再生能源补贴的项目
由国家保障性收购的绿电项目 —— 绿电交易的溢价收益等额冲抵国家可再生能源补贴或归国家所有
参与电力市场交易的绿电项目 —— 绿电交易的溢价收益及参加对应绿证交易的收益，在国家可再生能源补贴发放时等额扣减
功能定位 —— 绿色电力交易是中长期交易的组成部分，执行电力中长期交易规则 —— 由电力交易机构在电力交易平台按照年（多年）、月（多月）、月内（旬、周、日滚动）等周期组织开展
交易方式
省内绿色电力交易 —— 电力用户或售电公司通过电力直接交易的方式向本省发电企业购买绿色电力 —— 由各省（区、市）电力交易中心组织开展
跨省区绿色电力交易
电力用户或售电公司向其他省发电企业购买绿色电力
初期可由电网企业汇总并确认省内绿色电力购买需求，跨省区购买绿色电力
由北京、广州电力交易中心组织开展
包括双边协商、挂牌、集中竞价等
定价方式
电能量价格
绿证价格 —— 由双方充分考虑可再生能源消纳责任权重、能耗双控、碳排放双控等因素通过市场化交易方式综合确定。 —— 绿证价格不纳入峰谷分时电价机制、力调电费等计算
交易结算及偏差处理
电能量部分 —— 按照跨省区、省内市场交易规则开展结算
绿证部分
当月合同电量
发电企业上网电量
电力用户用电量
三者取小
一对多情况下的等比例调减
绿证核发划转 —— 绿证根据可再生能源发电项目每月度结算电量，经审核后统一核发，并按规定将相应绿证划转至发电企业或项目业主的绿证账户

绿色电力证书
主要政策
2019.5 —— 《关于建立健全可再生能源电力消纳保障机制的通知》 —— 发改能源 [2019] 807号
2022.11 —— 《关于进一步做好新增可再生能源消费不纳入能源消费总量控制有关工作的通知》 —— 发改运行 [2022] 1258号
2023.8 —— 《关于做好可再生能源绿色电力证书全覆盖工作促进可再生能源电力消费的通知》 —— 发改能源 [2023] 1044号
2024.2 —— 《关于加强绿色电力证书与节能降碳政策衔接大力促进非化石能源消费的通知》 —— 发改环资 [2024] 113号
2024.4 —— 《可再生能源绿色电力证书核发和交易规则（征求意见稿）》
基本定位 —— 绿证是我国可再生能源电量环境属性的唯一证明，是认定可再生能源电力生产、消费的唯一凭证。
管理机构
国家能源局（新能源和可再生能源司）负责绿证政策设计
国家能源局（电力业务资质管理中心）负责绿证核发 —— 国家可再生能源信息管理中心配合做好绿证核发工作
交易组织机构
中国绿色电力证书交易平台
北京电力交易中心
广州电力交易中心
核发对象
集中式风电（含海上风电）、集中式太阳能发电（含光热发电）项目的上网电量 —— 核发可交易绿证
分散式风电、分布式光伏发电项目的上网电量 —— 核发可交易绿证
生物质发电、地热能发电、海洋能发电等可再生能源发电项目的上网电量 —— 核发可交易绿证
可再生能源项目自发自用电量 —— 现阶段核发绿证但暂不参与交易
2023年1月1日（不含）之前的常规存量水电项目上网电量 —— 现阶段核发绿证但暂不参与交易
2023年1月1日（含）以后新投产的完全市场化常规水电项目 —— 核发可交易绿证
交易方式
“证电合一” — 同“绿色电力交易”
“定价方式”
“交易结算及偏差处理”
“证电分离”
包括挂牌交易、双边协商、集中竞价等，交易价格由市场化方式形成
现阶段绿证仅可交易一次
应用场景
用于可再生能源电力消费量核算
各省级行政区域 —— 可再生能源消费量以本省各类型电力用户持有的当年度绿证作为相关核算工作的基准
企业 —— 可再生能源消费量以本企业持有的当年度绿证作为相关核算工作的基准
用于可再生能源电力消费认证等
“认证机构通过两年内的绿证开展绿色电力消费认证，时间自电量生产自然月（含）起，认证信息应及时同步至核发机构”
以绿证作为电力用户绿色电力消费和绿电属性标识认证的唯一凭证，建立基于绿证的绿色电力消费认证标准、制度和标识体系。
用于与能耗双控政策衔接
非化石能源不纳入能源消耗总量和强度调控 —— 以物理电量为基础、跨省绿证交易为补充的可再生能源消费量扣除政策 —— “受端省份通过绿证交易抵扣的可再生能源消费量，原则上不超过本地区完成”十四五“能耗强度下降目标所需节能量的50%”
将绿证交易对应电量纳入“十四五”省级人民政府节能目标责任评价考核指标核算
和碳相关的衔接机制（研究阶段）
绿证与地方、行业企业、公共机构、重点产品碳排放核算
绿证与电网排放因子
绿证与全国碳排放权交易机制、温室气体自愿减排机制
绿证与产品碳足迹核算

图 5-1　绿电绿证相关政策文件

算中的抵扣上限。跨省绿证交易受端省份通过绿证交易抵扣的可再生能源消费量，原则上不超过本地区完成“十四五”能耗强度下降目标所需节能量的 50%。

2024 年 4 月 26 日，国家能源局综合司发布《可再生能源绿色电力证书核发和交易规则（征求意见稿）》，本规则适用于我国境内生产的风电、太阳能发电、常规水电、生物质发电、地热能发电、海洋能发电等可再生能源发电项目电量对应绿证的核发、交易及相关管理工作，进一步明确了绿证工作的职责分工、绿证账户、绿证核发、交易及划转、信息管理、绿证监管等方面工作要求。

5.2 交易模式

我国绿电绿证交易方式较为丰富，除企业直接开展购售的交易模式外，还包括个人用户自愿认购模式、代理交易模式、聚合商模式等。

5.2.1 个人用户自愿认购模式

个人用户主要通过中国绿色电力证书交易平台进行挂牌交易，在平台以买方身份注册个人信息即可进入平台，以“自用”的形式自由购买交易平台上出售的绿证，购买后绿证归购买者所有，不能再进行二次出售。自愿认购价格既可采用卖方挂牌价格，也可按照不高于证书对应电量的可再生能源电价附加资金补贴金额由买卖双方自行协商或者通过竞价确定。个人用户以“证电分离”交易模式参与绿证交易，交易流程较为简单。但个人用户并不支持在北京电力交易中心、广州电力交易中心直接注册为买方认购绿证。个人用户自愿认购绿证的交易如图 5-2 所示。

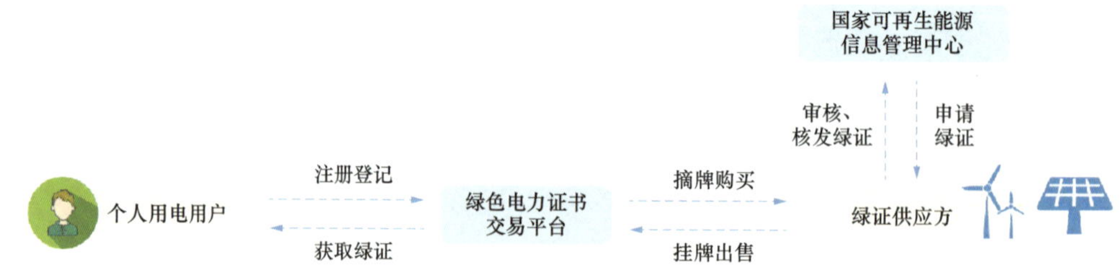

图 5-2 个人用户自愿认购绿证的交易简图

5.2.2 代理交易模式

在代理交易模式下，用户购买绿证无需在北京电力交易中心/广州电力交易中心注册成市场主体参与交易，可以直接选择通过代理方完成省内或跨区跨省绿证的购买，并支付代理费用。此外，用电用户也可以成为代理方，代理其他用户购买和出售绿证，获取代理收益。代理购证的主体需要在 10 个工作日内将绿证分配至其代理的用户，分配结果不可撤销，否则默认分配给代理购证的主体。绿证代理的交易如图 5-3 所示。

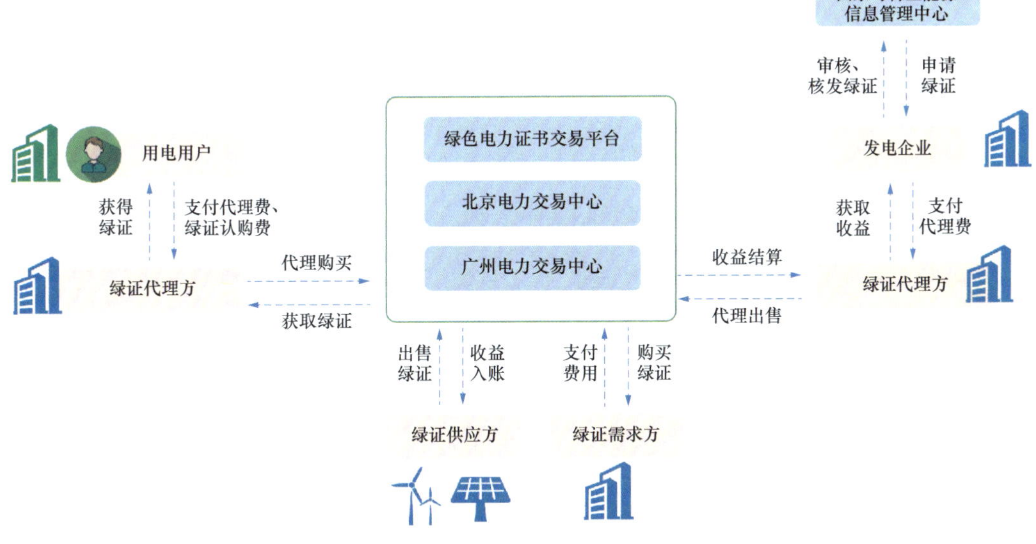

图 5-3 绿证代理的交易简图

5.2.3 聚合商模式

分布式可再生能源项目可以以项目自身为主体在交易平台直接出售绿证，也可通过聚合商（如光伏聚合商、虚拟电厂）参与绿证交易。绿证聚合商交易模式是指分布式可再生能源聚合商将大量分散的分布式可再生能源汇聚，作为一个统一的发电设施申领绿证，聚合的发电数据经电网运营商、发改委或公共服务机构担任的第三方审核后，由签发机构签发绿证，绿证聚合商在北京电力交易中心/广州电力交易中心注册成为市场主体，出售分布式可再生能源项目绿证。绿证聚合商模式的交易如图 5-4 所示。

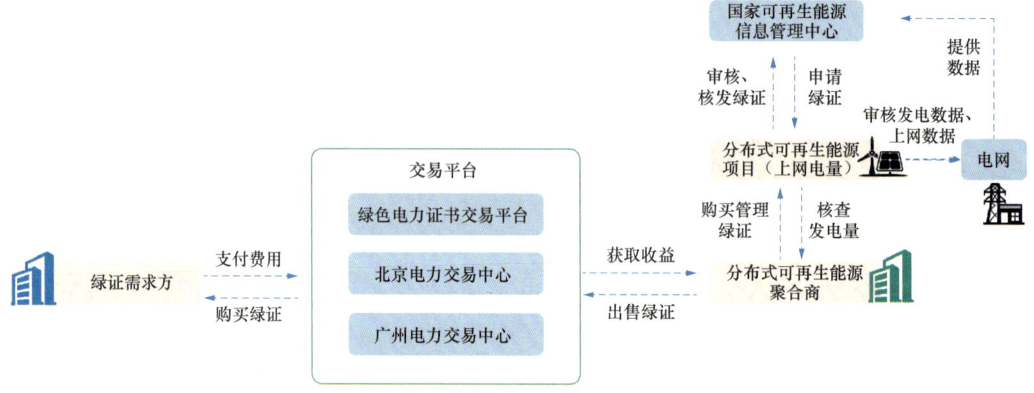

图 5-4　绿证聚合商模式的交易简图

当前分布式光伏项目有“自发自用，余电上网”模式和“全额上网”模式，对自发自用电量核发不可交易的绿证，对上网电量核发可交易绿证。上网电量相应绿证参与市场交易主要有两种模式：第一，分布式光伏项目业主在北京电力交易中心/广州电力交易中心注册成为市场主体，以“证电分离”模式直接出售上网电量相应绿证；第二，采用绿证聚合商交易模式，分布式光伏聚合商可选择“证电合一”模式出售绿证，在绿电交易市场出售聚合的光伏发电量，绿证伴随绿电一起出售给其他主体，分布式光伏聚合商也可选择“证电分离”模式，对上网电量的绿证交易单独代理。

5.2.4　跨区跨省绿电交易

买卖双方可以在绿色电力交易平台上申报跨区跨省绿电交易意向，由本省（区、市）电力交易中心同电网汇总，由北京电力交易中心和广州电力交易中心通过省间输送通道等完成绿电交易。在绿电交易过程中，本省（区、市）电力交易中心将绿证与绿电交易结果相结合，确保电力用户或售电商购买的绿电数量与所获得的绿证数量一致，由本省（区、市）电力交易中心向国家可再生能源信息管理中心报送绿电交易结果，经审核后核发相应的绿证，由本省（区、市）电力交易中心发放给电力用户或售电商。跨省跨区绿电交

易示意如图 5-5 所示。

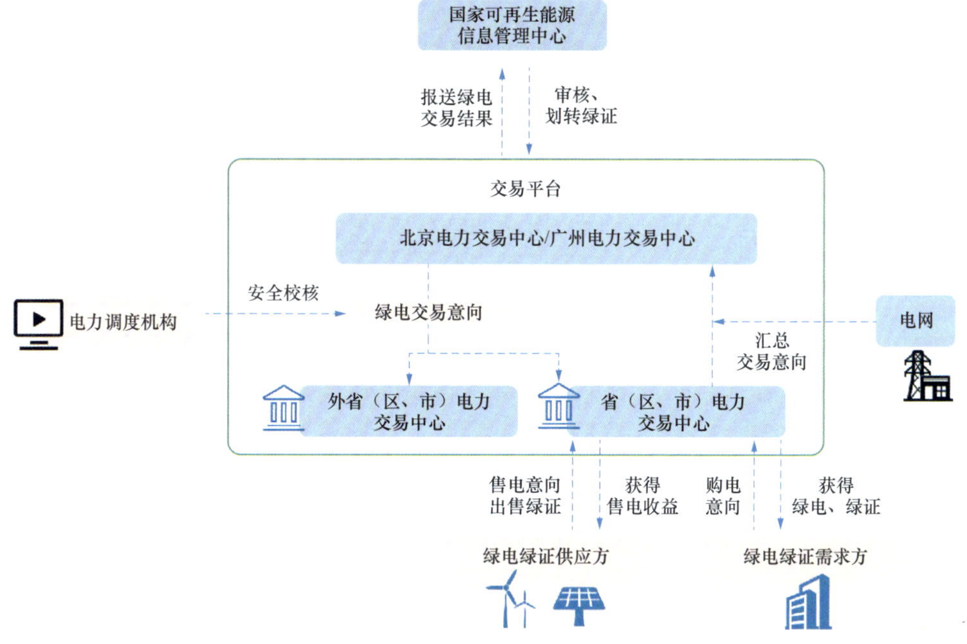

图 5-5　跨省跨区绿电交易示意图

5.3　交易情况

5.3.1　绿证交易

2023 年绿证核发量已达到 2022 年的 7.8 倍；北京电力交易中心 2023 年绿证交易量达到 2022 年交易量的 16.3 倍；广州电力交易中心绿证交易量达到 2022 年的 5.1 倍。

分地区来看，截至 2024 年 6 月 11 日，江苏、新疆、上海、江西、辽宁、湖北、浙江、福建、广东、安徽、甘肃、北京、湖南、吉林、青海等 26 个省（自治区、直辖市）市场主体购买了绿证，其中，上海约为 1925 万张、青海约为 1237 万张、浙江约为 6985 万张、广东约为 516 万张、江苏约为 431 万张、新疆约为 2 830 396 张、福建约为 627 055 张、辽宁约为 614 133 张、湖北约为 163 395 张、江西约为 285 883 张、安徽约为 142 788 张、甘肃约为 59 369 张。

价格方面，据北京电力交易中心平台显示，2023 年 1—8 月，国网经营区域平价绿证交易均价为 25 元/MWh；2023 年 8—12 月，交易均价下降至 18.4 元/MWh；2024 年 1—3 月进一步降至 11.2 元/MWh。据中国绿色电力证书交易平台显示，2024 年 5 月绿证最低交易成交价格部分低于 0.26 元/MWh。

5.3.2 绿电交易

2023 年，国网经营区域成交绿电为 566.89 亿 kWh，是 2022 年成交量的 4 倍；南网经营区域绿电成交量为 81.2 亿 kWh，是 2022 年成交量的 2.1 倍。

价格水平方面，2023 年国网经营区域绿电环境溢价平均为 6.5 分/kWh，南网经营区域平均为 1.85 分/kWh；2024 年 1—3 月，国网经营区域绿电环境溢价平均为 4.4 分/kWh，南网经营区域平均为 2.3 分/kWh。

2023 年，南方区域绿电交易市场主体参与数量达到 1732 家，其中发电企业 351 家、售电公司 224 家、电力用户 1157 家。绿电消费集中在广东、广西、贵州等区域，用户 1900 多家，电力用户是绝对主力；绿电消费主要集中在金属制造、电子科技、数据通信、建材化工、能源电力、食品生物等行业，腾讯、富士康、中国石油化工、百威啤酒、中海油等众多企业成为绿电消费用户的领头羊。

5.4 发展趋势

（1）绿电绿证市场规模与交易活跃度预计将持续提升。在实现绿证核发全覆盖后，我国将成为全球最大的绿证供应市场，市场规模与交易活跃度将进一步提升；随着全国统一电力市场体系的建设加快推进，跨区跨省域绿电交易市场的活跃度将逐渐提升，交易范围也将进一步扩大，绿电交易局部供需不平衡

的问题将得到有益改善。

（2）“证电分离”与“证电合一”协调发展。相较于与绿电交易捆绑的“证电合一”认证方式可能受到输电网络、市场模式、交易门槛等因素的制约，“证电分离”模式下绿证能够自由流转，交易更加灵活和便捷，“证电分离”和“证电合一”预计将呈现互为补充的发展格局。

第6章

发电企业参与全国碳市场情况

截至 2023 年，全国碳市场碳排放配额累计成交量为 4.42 亿 t，累计成交额为 249.19 亿元，每日综合价格收盘价在 41.46～81.67 元/t 范围内，总体来看，全国碳市场上线运行以来，市场运行健康有序，交易规模逐渐扩大，交易价格稳中有升，企业交易更加积极，市场活力逐步提高。

6.1　总体情况

6.1.1　政策动向

2023 年以来，与全国碳市场建设相关的政策文件不断完善。全国碳市场的建设继续坚持稳中求进的总基调，在保障市场稳定运行、第二个履约期配额清缴工作顺利展开的基础上，进一步对履约期配额的分配进行了优化。同时，市场扩容的准备工作也持续深入推进，数据管理和评估核查体系完善、碳排放权交易立法等工作的推进也取得了显著进展和效果。2023 年以来全国碳市场建设主要政策文件如表 6-1 所示。

表 6-1　2023 年全国碳市场建设主要政策文件（截至 2024 年 6 月）

时间	政　策　文　件
2023 年 2 月	《关于做好 2023—2025 年发电行业企业温室气体排放报告管理有关工作的通知》（环办气候函〔2023〕43 号）
2023 年 3 月	《关于做好 2021、2022 年度全国碳排放权交易配额分配相关工作的通知》（国环规气候〔2023〕1 号）
2023 年 4 月	《碳达峰碳中和标准体系建设指南》（国标委联〔2023〕19 号）
2023 年 7 月	《关于全国碳排放权交易市场 2021、2022 年度碳排放配额清缴相关工作的通知》（环办气候函〔2023〕237 号）
2023 年 10 月	《关于做好 2023—2025 年部分重点行业企业温室气体排放报告与核查工作的通知》（环办气候函〔2023〕332 号）
2023 年 10 月	《温室气体自愿减排交易管理办法（试行）》（生态环境部 市场监管总局令第 31 号）

续表

时间	政 策 文 件
2023 年 10 月	《关于印发〈温室气体自愿减排项目方法学 造林碳汇（CCER-14-001-V01）〉等 4 项方法学的通知》（环办气候函〔2023〕343 号）
2024 年 2 月	《碳排放权交易管理暂行条例》（国令第 775 号）
2024 年 5 月	《关于印发〈关于建立碳足迹管理体系的实施方案〉的通知》（环气候〔2024〕30 号）

2023 年 2 月 7 日，生态环境部办公厅发布《关于做好 2023—2025 年发电行业企业温室气体排放报告管理有关工作的通知》。通知要求组织开展月度信息化存证，进一步提高了数据信息的披露要求。其中，明确对于纳入全国碳市场的重点排放单位，自 2023 年起需组织开展月度信息化存证上报制度，在每月结束后的 40 个自然日内，通过管理平台上传燃料的消耗量、低位发热量等数据及相关支撑材料。通过对发电企业排放报告的精细化管理，不仅提高了企业数据报送的透明度，也改善了数据质量管理体系。

2023 年 3 月 13 日，生态环境部正式印发《关于做好 2021、2022 年度全国碳排放权交易配额分配相关工作的通知》，明确了 2021、2022 年度配额预分配、调整、核定、预支、清缴等各项工作要求。通知指出 2021、2022 年全国碳市场继续采取基于强度的基准线法分配配额，分年度规定配额基准值。通知附件《2021、2022 年度全国碳排放权交易配额总量设定与分配实施方案（发电行业）》公布了 2021、2022 年度碳排放基准值，较上一周期基准值有明显下降。

2023 年 7 月 17 日，生态环境部发布《关于全国碳排放权交易市场 2021、2022 年度碳排放配额清缴相关工作的通知》，明确了配额清缴相关工作要求。通知指出差异化开展配额分配，对全部排放设施关停或淘汰后仍存续的重点排放单位，不予发放预分配配额，在核定阶段统一发放；组织开展国家核证自愿减排量（CCER）抵销配额清缴，抵销比例不超过对应年度应清缴配额量的 5%；重点排放单位持有的 2019—2020 年度配额、2021 年度配额和 2022 年度配额均可用于 2021、2022 年度清缴履约，也可用于交易。

2023 年 10 月 18 日，生态环境部印发《关于做好 2023—2025 年部分重点行业企业温室气体排放报告与核查工作的通知》（以下简称《报告与核查工作通知》），明确工作范围、电力排放相关核算要求等有关重点工作要求，并在附件中更新了水泥熟料生产、铝冶炼和钢铁生产行业的企业温室气体排放核算与报告填报说明，对三大行业的核算方法进行了大量更新，相关要求明确高于其他行业，工作时间线也比其他行业提前。随着石化、化工、建材、钢铁、有色、造纸、民航等更多行业被纳入碳市场，市场规模及活跃度有望进一步提升。

2023 年 10 月 19 日，生态环境部、市场监管总局联合发布《温室气体自愿减排交易管理办法（试行）》，是保障全国温室气体自愿减排交易市场有序运行的基础性制度。该办法共 8 章 51 条，对自愿减排交易及其相关活动的各环节作出规定，明确了项目业主、审定与核查机构、注册登记机构、交易机构等各方权利、义务和法律责任，以及各级生态环境主管部门和市场监督管理部门的管理责任。

2023 年 10 月 24 日，生态环境部印发《温室气体自愿减排项目方法学造林碳汇（CCER-14-001-V01）》等四项方法学，包括造林碳汇、并网光热发电、并网海上风力发电、红树林营造。四项方法学为全国温室气体自愿减排交易市场启动提供了配套技术文件支撑，进一步提高了国内对于林业碳汇的开发体量，也为碳汇项目和可再生能源项目的量化核证提供了标准。

2024 年 1 月 25 日，国务院发布《碳排放权交易管理暂行条例（草案）》。文件的出台为碳排放权交易市场的覆盖范围、重点排放单位的确定、配额的分配、碳排放数据质量的监管、配额的清缴以及交易运行等机制做出统一规定。《碳排放权交易管理暂行条例》条款主要有三个方面的修改，分别是加强党的领导、完善数据质量的管理与强化法律责任。在完善数据质量管理方面，将新增条款，要求重点排放单位制定并严格执行温室气体排放数据质量控制方案；在强化法律责任方面，对于重点排污单位，以及技术服务机构篡改数据等弄虚作假行为规定严格的法律责任。

6.1.2 运行成效

自2021年启动交易以来，全国碳排放权交易市场建设稳步推进，2023年全国碳市场建设运行整体呈现如下特点：

（1）市场制度框架体系逐渐完备。国务院印发实施《碳排放权交易管理暂行条例》，生态环境部出台管理办法和碳排放权登记、交易、结算等3个管理规则，以及发电行业碳排放核算报告核查技术规范和监督管理要求等，对注册登记、排放核算、报告、核查、配额分配、配额交易、配额清缴等涉及碳排放权交易的关键环节和全流程提出了明确要求和规范，初步形成了拥有行政法规、部门规章、标准规范以及注册登记机构和交易机构业务规则组成的全国碳排放权交易市场法律制度体系和工作机制。

（2）"一网、两机构、三平台"的基础设施支撑体系基本形成。建成了"全国碳市场信息网"，集中发布全国碳市场权威信息资讯。成立全国碳排放权注册登记机构、交易机构，对配额登记、发放、清缴、交易等相关活动精细化管理。建成并稳定运行全国碳排放权注册登记系统、交易系统、管理平台三大基础设施，实现了全业务管理环节在线化、全流程数据集中化、综合决策科学化，全国碳排放权交易市场基础设施支撑体系基本形成。

（3）市场表现平稳向好，交易价格稳中有升。市场活跃度和第一个履约周期相比，第二个履约周期有明显提升。第二个履约周期成交量比第一个履约周期增长了19%，成交额比第一个履约周期增长了89%。碳价整体呈现平稳上涨态势。由启动时的每吨48元上涨至每吨80元左右，上涨66%左右。第二个履约周期企业参与交易的积极性明显提升，参与交易的企业占总数的82%，比第一个履约周期上涨了近50%。

6.2 市场运作机制

根据《2021、2022年度全国碳排放权交易配额总量设定与分配实施方案（发

电行业)》(以下简称《实施方案》),全国碳排放权交易市场配额预分配、调整、核定及清缴履约流程如图 6-1 所示。

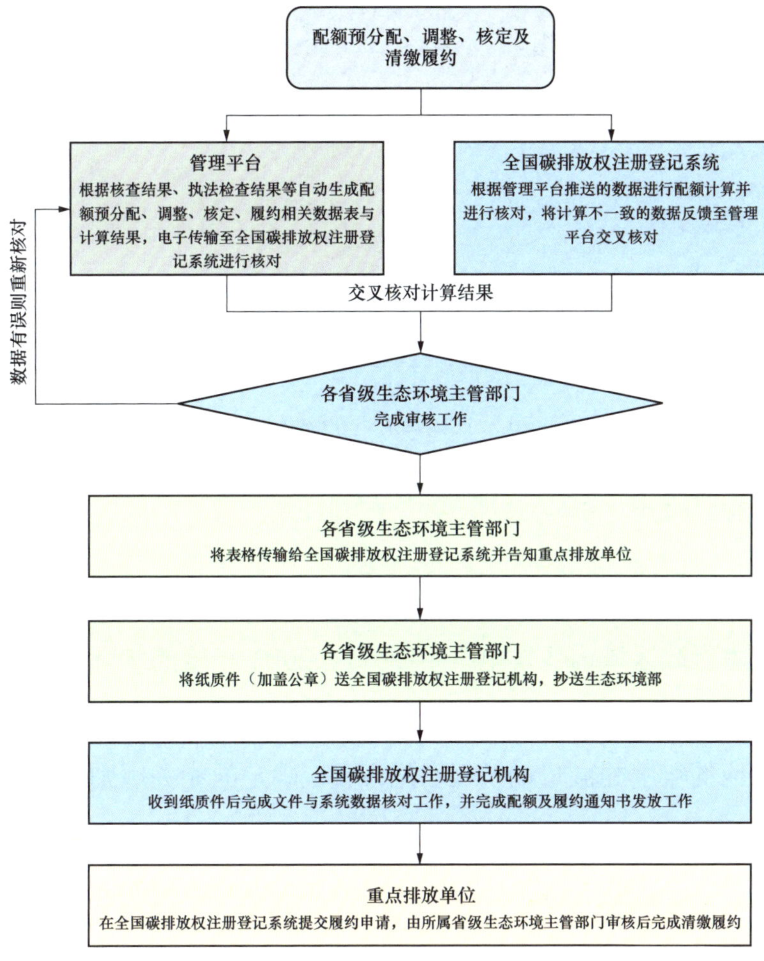

图 6-1　配额预分配、调整、核定及清缴履约流程

6.2.1　配额核算与分配

碳排放配额是重点排放单位拥有的发电机组相应的二氧化碳排放限额，包括化石燃料消费产生的直接排放和购入电力产生的间接排放。2021、2022 年度配额实行免费分配，采用基准法核算机组配额量，计算公式如下：机组配额量=供电基准值×机组供电量×修正系数＋供热基准值×机组供热量。各类别机组碳排放基准值如表 6-2 所示。

表 6-2　　　　各类别机组碳排放基准值

序号	机组类别	供电（tCO_2/MWh）			供热（tCO_2/GJ）		
		2021年平衡值	2021年基准值	2022年基准值	2021年平衡值	2021年基准值	2022年基准值
Ⅰ	300MW等级以上常规燃煤机组	0.821 0	0.821 8	0.817 7	0.111 0	0.111 1	0.110 5
Ⅱ	300MW等级及以下常规燃煤机组	0.892 0	0.877 3	0.872 9			
Ⅲ	燃煤矸石、煤泥、水煤浆等非常规燃煤机组（含燃煤循环流化床机组）	0.962 7	0.935 0	0.930 3			
Ⅳ	燃气机组	0.393 0	0.932 0	0.390 1	0.056 0	0.056 0	0.055 7

6.2.2　配额总量确定

省级生态环境主管部门根据《实施方案》确定的配额核算方法及碳排放基准值，结合本行政区域内各发电机组2021、2022年度的实际产出量（活动水平数据）及相关修正系数，核定各机组各年度的配额量；根据重点排放单位拥有的机组相应的年度配额量以及《实施方案》确定的相关规则得到各重点排放单位年度配额量；将各重点排放单位年度配额量进行加总，形成本行政区域年度配额总量。生态环境部将各省级行政区域年度配额总量加总，最终确定各年度全国配额总量。

6.2.3　配额发放

（1）预分配配额及其发放。省级生态环境主管部门按照《实施方案》规定的核算方法，审核确定各机组2021、2022年度预分配配额量，通过全国碳市场信息管理平台将配额预分配相关数据表传输至全国碳排放权注册登记系统，告知重点排放单位，并以正式文件报送全国碳排放权注册登记系统管理机构，同时抄送生态环境部。2021、2022年度各机组预分配配额量均为2021年该机组经核查排放量的70%，将重点排放单位拥有的所有机组相应的预分配配额量

进行加总，得到其 2021、2022 年度的预分配配额量。全国碳排放权注册登记机构依据省级生态环境主管部门报送的正式文件，配合省级生态环境主管部门核对预分配配额量，并将预分配配额发放至重点排放单位账户。

（2）核定配额及其发放。省级生态环境主管部门基于 2021 年度和 2022 年度实际碳排放相关数据，按照《实施方案》规定的核算方法，确定本行政区域内各重点排放单位 2021、2022 年度应发放配额。

6.3　市场交易情况

2023 年是 2021、2022 年度碳排放的清缴年，随着分配、核查、履约等政策文件的出台，市场交易意愿逐步增强，配额成交量及配额成交额较 2022 年同比分别大涨 316%和 413%，成交价格较 2022 年有所上涨。

（1）配额成交量。2023 年，全国碳市场碳排放配额成交量为 21 994.28 万 t，较 2022 年同比上涨 316.48%。从交易品种来看，大宗协议成交是主要的成交方式，挂牌协议交易年成交量 3499.66t，大宗协议交易年成交量 17 694.72 万 t，分别占总成交量的 16.51%和 83.49%（见图 6-2）。按月来看，市场交易呈现出“前冷后热”现象，较 2022 年交易的季节性特征有明显改变。其中，2023 年上半年的成交量仅占全年总成交量的 4%，而随着第二个履约期清缴工作截止日的临近，第三、四季度的成交量占全年比分别高达 25%和 71%，可见履约清缴仍是市场交易最主要的驱动因素。随着各行政区 95%的重点排放单位履约清缴截至期前移至 11 月 15 日，2023 年 10 月市场交易大幅放量，成交量达 9305.13 万 t，占全年总成交量比近 44%（见图 6-3）。

（2）配额成交额。2023 年，全国碳市场碳排放配额成交额为 144.44 亿元，较 2022 年同比上涨 413.29%。从交易品种来看，以大宗协议成交额为主，挂牌协议交易年成交额为 25.69 亿元，大宗协议交易年成交额为 118.75 亿元，分别占总成交额的 17.79%和 82.21%（见图 6-4）。按月来看，与成交量规律类似，呈现出“前冷后热”现象，较 2022 年交易的季节性特征有明显改变（见图 6-5）。

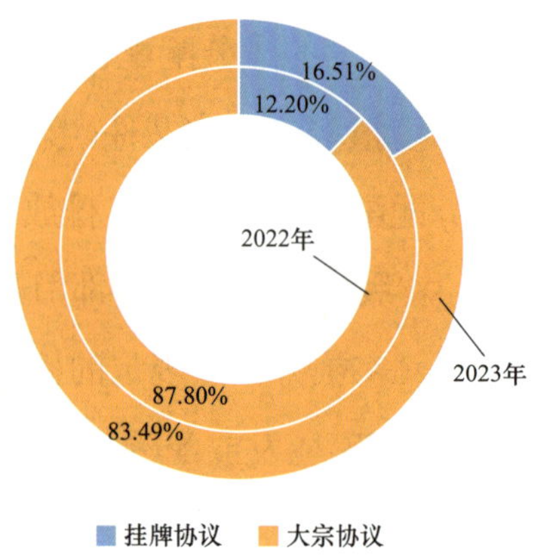

图 6-2　2022、2023 年全国碳市场各交易品种成交量占比

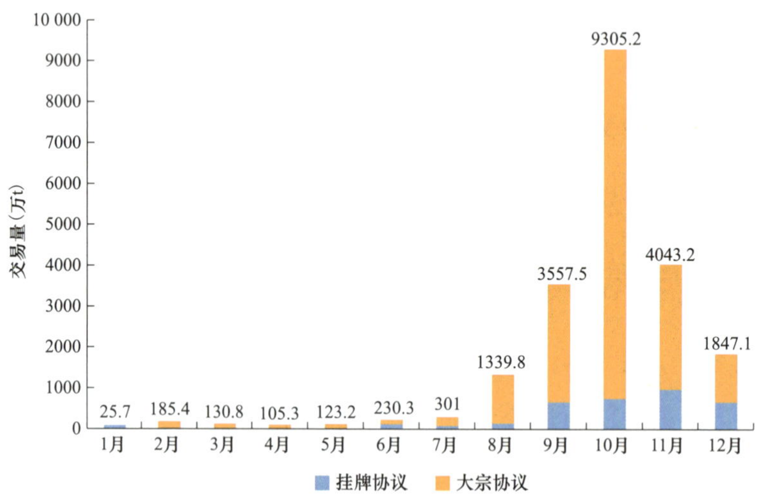

图 6-3　2023 年 1—12 月全国碳市场配额成交量

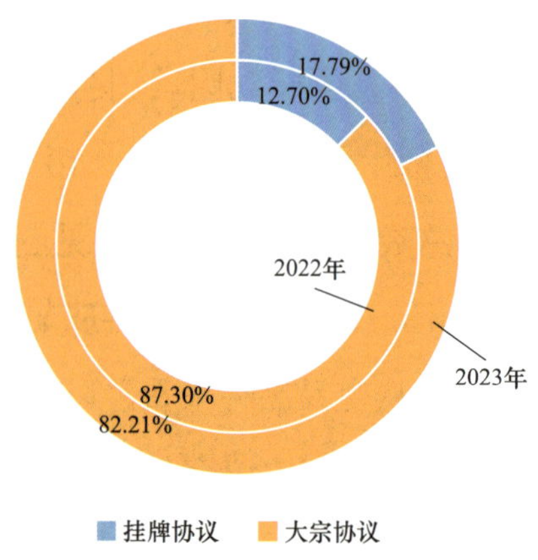

图 6-4　2022、2023 年全国碳市场各交易品种成交额占比

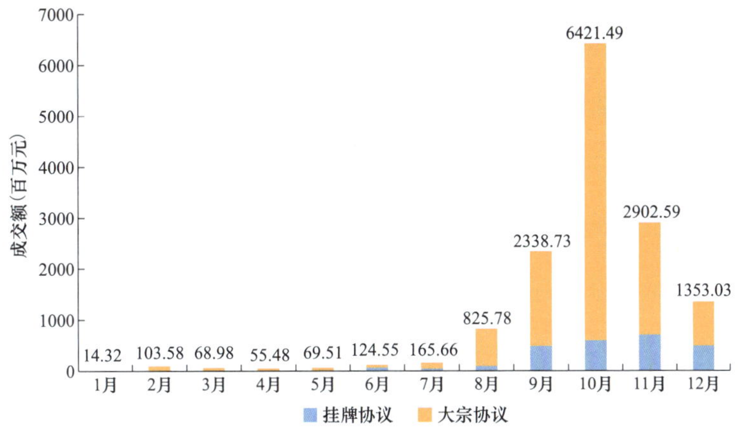

图 6-5　2023 年 1—12 月全国碳市场配额成交额

（3）配额成交价格。2023 年，全国碳市场碳排放配额成交均价为 68.15 元/t，较 2022 年同比上涨 23.24%，年末收盘价为 79.42 元/t，较上年上涨 44.40%。全国碳市场成交价格情况如图 6-6 所示。从交易品种来看，挂牌协议交易成交均价为 73.42 元/t，大宗协议交易成交均价为 67.11 元/t。全国碳市场各交易品种成交价情况如图 6-7 所示。总体来看，全年市场价格呈现较明显波动上升的走势，日收盘价格在 50.52～81.67 元/t 区间波动。同时，上、下半年的配额价格差异化显著，具体为上半年价格总体平稳，日收盘价在 50.52～60 元/t 之间波动；下半年价格则明显上涨，日收盘价从 7 月 3 日的 60 元/t 攀升至 10 月 20 日的 81.7 元/t 的年内最高价，随后在高位区间内震荡整理。

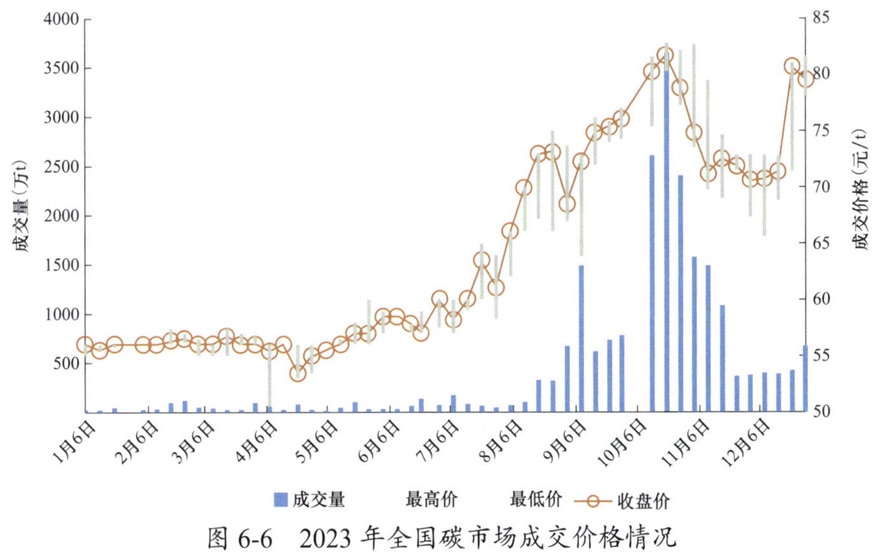

图 6-6　2023 年全国碳市场成交价格情况

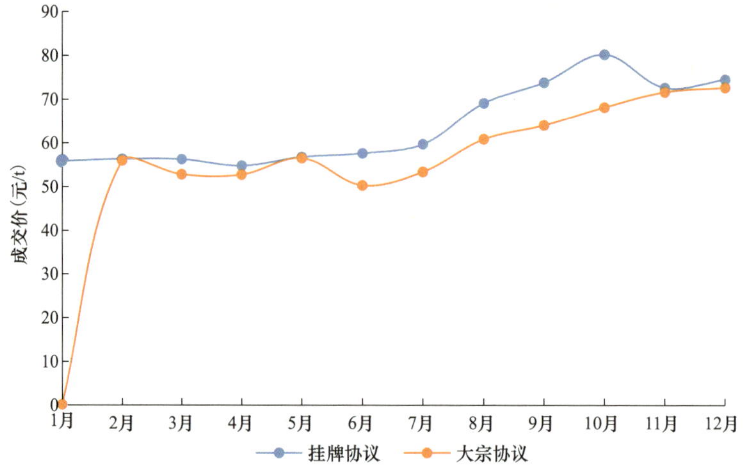

图 6-7　2023 年全国碳市场各交易品种成交价情况

6.4　发展趋势

（1）碳排放数据质量要求将进一步提高。全面准确真实的碳排放数据信息是保障碳市场健康运行、体现减排成效的重要基础，随着下阶段全国碳市场的逐步扩容，政府主管部门对碳排放数据质量的要求将进一步提升，碳排放数据核算、报告、核查管理制度等将持续优化，数据质量管理制度体系不断完善，信息化、智能化监管手段进一步得到推广应用。

（2）碳排放权交易品种预计将更加丰富。国家核证自愿减排量（CCER）已经正式重启，CCER 作为全国温室气体自愿减排交易市场的交易产品，与碳排放配额交易互为补充，进一步丰富了我国碳排放权交易体系；预计未来碳远期、碳期权、碳期货等碳金融产品种类陆续推出，碳市场交易品种体系将得到进一步完善。

参 考 文 献

[1] 中国电力企业联合会. 2023 年 1—12 月份全国电力市场交易简况［EB/OL］. http：//www.cec.org.cn.

[2] 广州电力交易中心. 2023 南方区域电力市场年报［EB/OL］. https：//gzpec.cn.

[3] 广东电力交易中心. 2023 年广东电力市场年度报告［EB/OL］. https：//pm.gd.csg.cn.

[4] 昆明电力交易中心. 云南电力市场 2023 年运行总结及 2024 年预测分析报告［EB/OL］. https：//www.kmpex.com.

[5] 四川电力交易中心. 2023 年度四川电力市场运营报告［EB/OL］. https：//pmos.sc.sgcc.com.cn.

[6] 山西电力交易中心. 2023 年四季度山西电力市场信息［EB/OL］. https：//pmos.sx.sgcc.com.cn/

[7] 中国电力企业联合会. 2023 年中国电力行业经济运行报告［EB/OL］. https：//cec.org.cn/

[8] 北京理工大学能源与环境政策研究中心. 中国碳市场建设成效与展望（2024）［EB/OL］. https：//ceep.bit.edu.cn/

[9] 中国电力企业联合会. 我国电力发展与改革报告（2024）［EB/OL］. https：//cec.org.cn/